“十一五”国家重点图书出版规划项目
北京市社会科学理论著作出版基金重点资助项目

启功全集

（修 订 版）

第 十 三 卷

手 卷

北京师范大学出版集团
BEIJING NORMAL UNIVERSITY PUBLISHING GROUP
北京师范大学出版社

图书在版编目（CIP）数据

启功全集（修订版）. 第13卷，手卷 / 启功著. —北京：北京师范大学出版社，2012.9

ISBN 978-7-303-14712-0

Ⅰ. ①启… Ⅱ. ①启… Ⅲ. ①启功（1912—2005）—文集 ②汉字—法书—作品集—中国—现代 Ⅳ. ①C53 ②J292.28

中国版本图书馆CIP数据核字（2012）第181095号

营销中心电话　010-58802181 58805532
北师大出版社高等教育分社网　http://gaojiao.bnup.com.cn
电子信箱　beishida168@126.com

QIGONG QUANJI

出版发行：北京师范大学出版社 www.bnup.com.cn
北京新街口外大街19号
邮政编码：100875
印　　刷：北京盛通印刷股份有限公司
经　　销：全国新华书店
开　　本：170 mm × 260 mm
印　　张：372.5
字　　数：5021千字
版　　次：2012年9月第1版
印　　次：2012年9月第1次印刷
总 定 价：2680.00元（全二十卷）

策划编辑：李　强　　责任编辑：李　强　于　乐
美术编辑：毛　佳　　装帧设计：李　强
责任校对：李　菡　　责任印制：李　啸

启功先生像

目录

临八大山人手卷

临八大山人手卷

手卷　30cm × 295cm

一九五二年作　水墨纸本　个人收藏

作如
无专祀翁

3

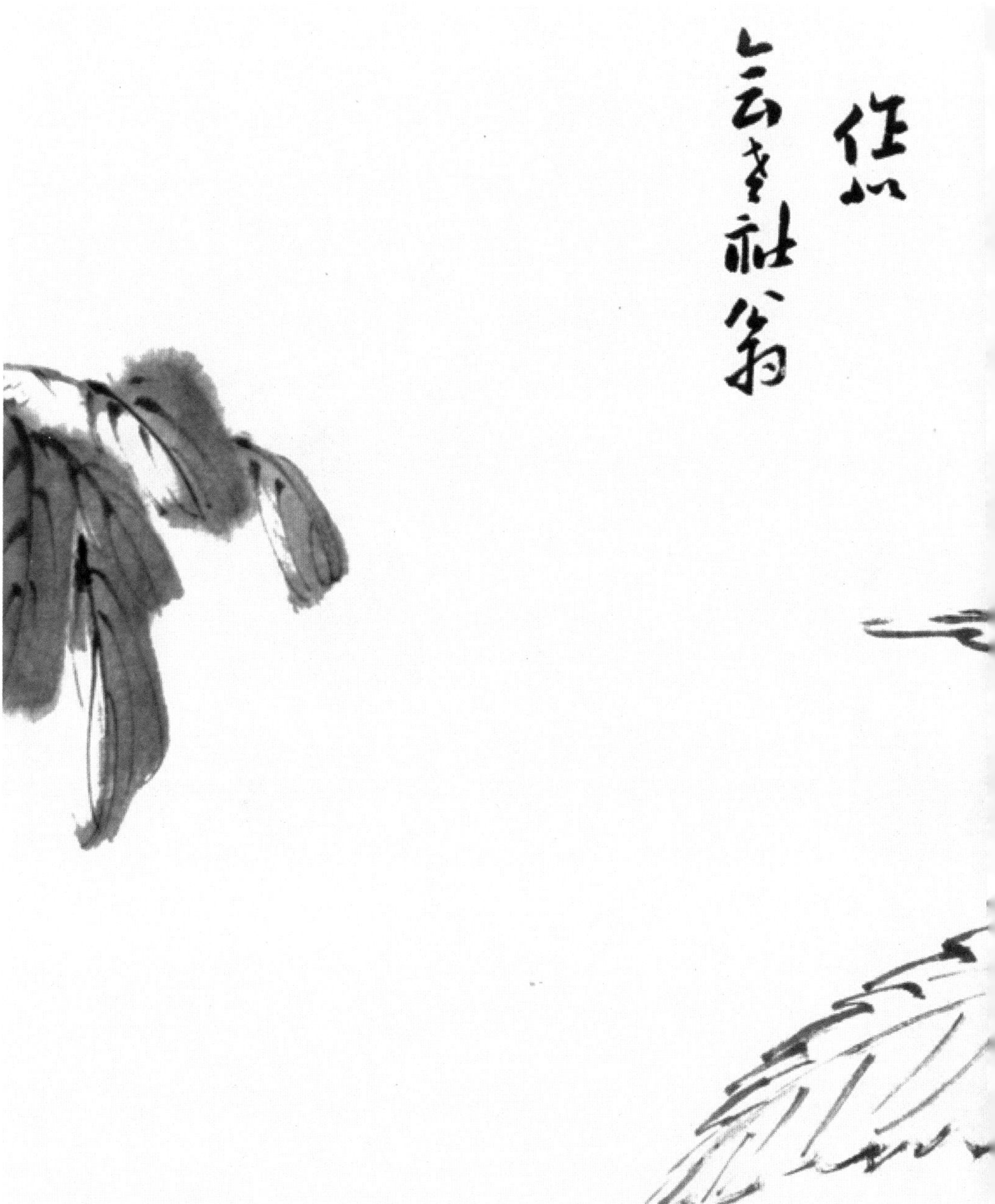

要呼長風不入樹臨歌

拖生栗梨爭道是逆辭

吞吐

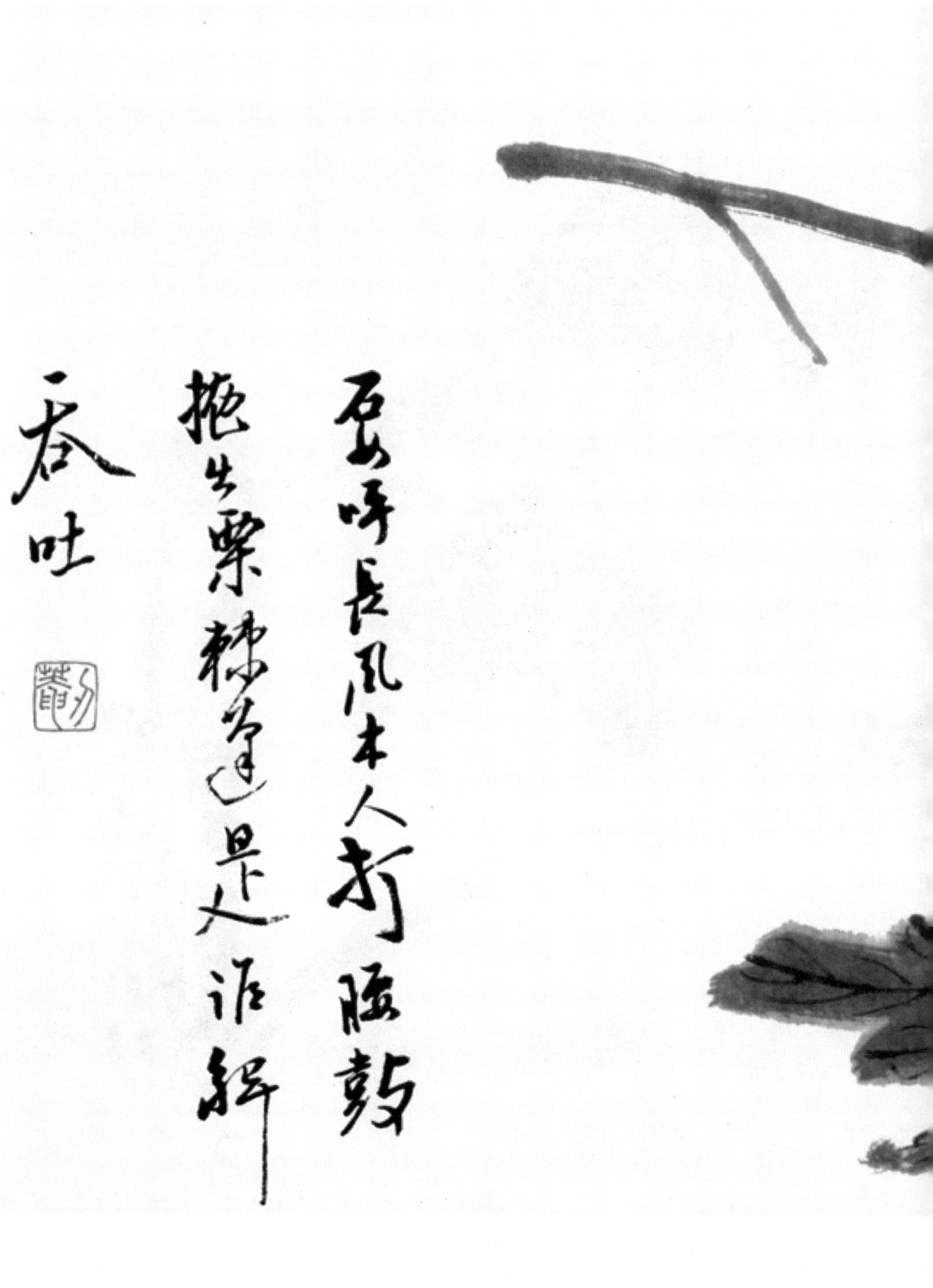

半畦茄子半畦蔬

闲剪秋风供芋魁

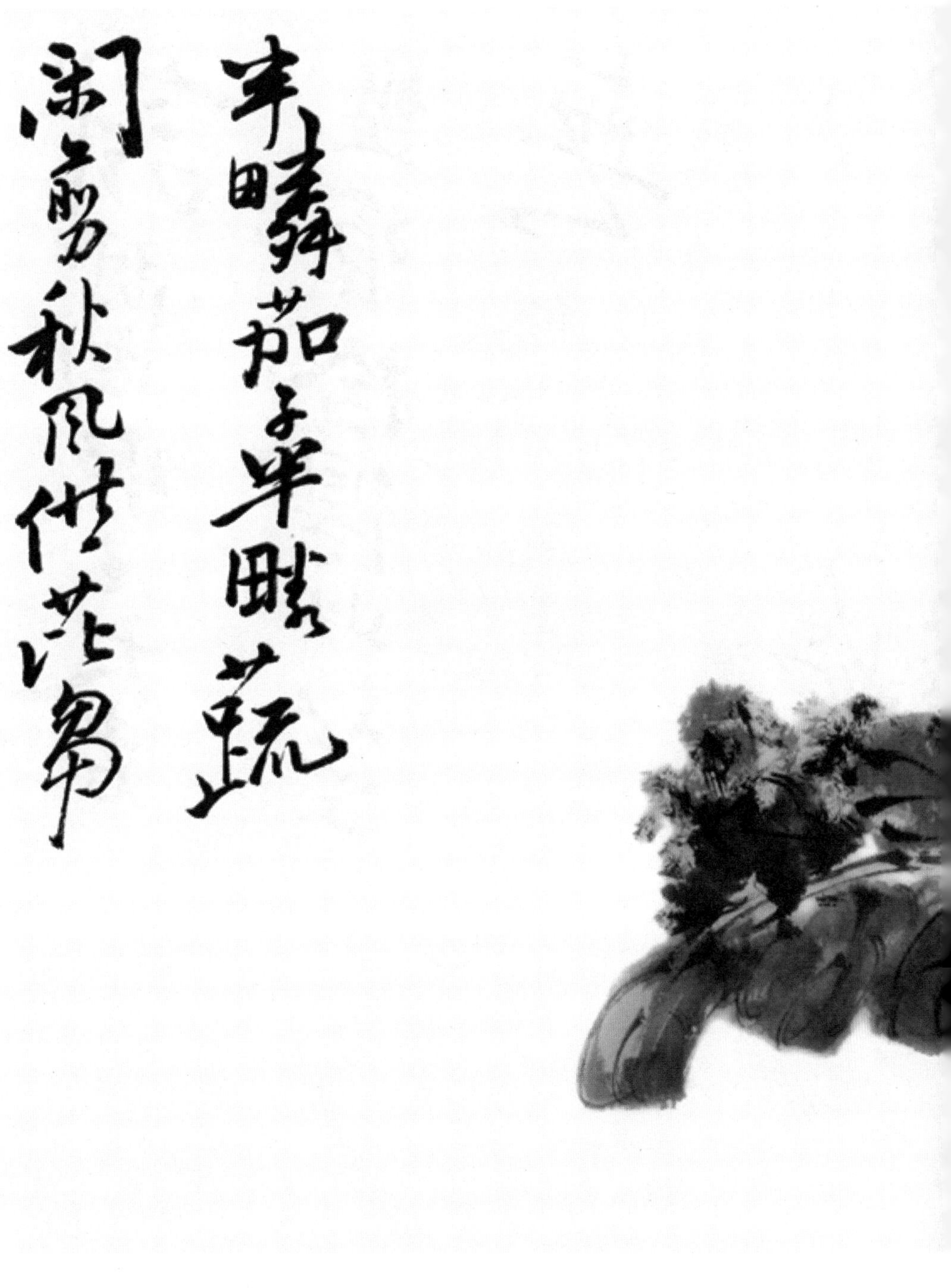

試問南邨王大老

鑒貹拾得此莖

無

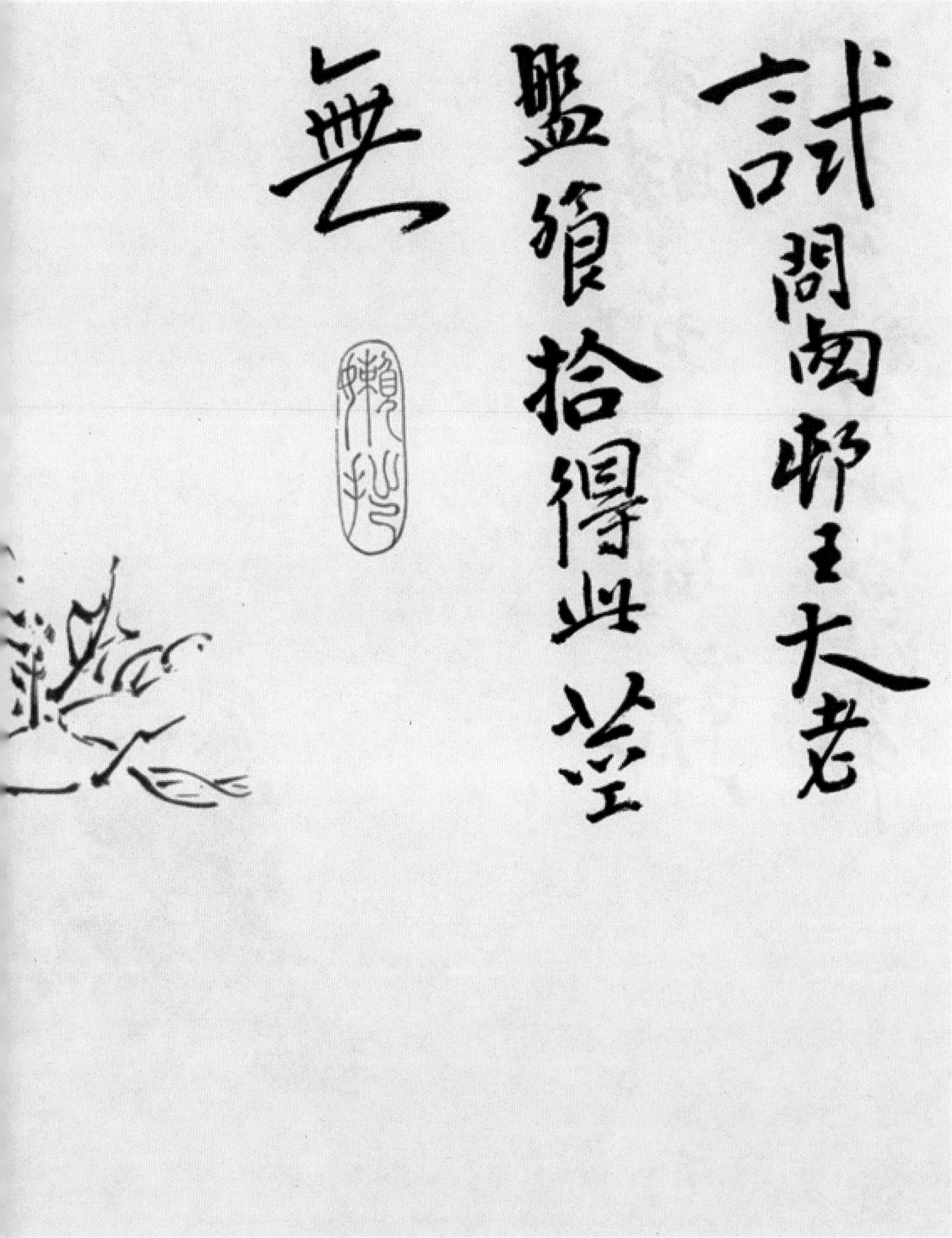

和尊拓先夫面欣眈
裹妻绝已著沙寄
主人麦浪笑按

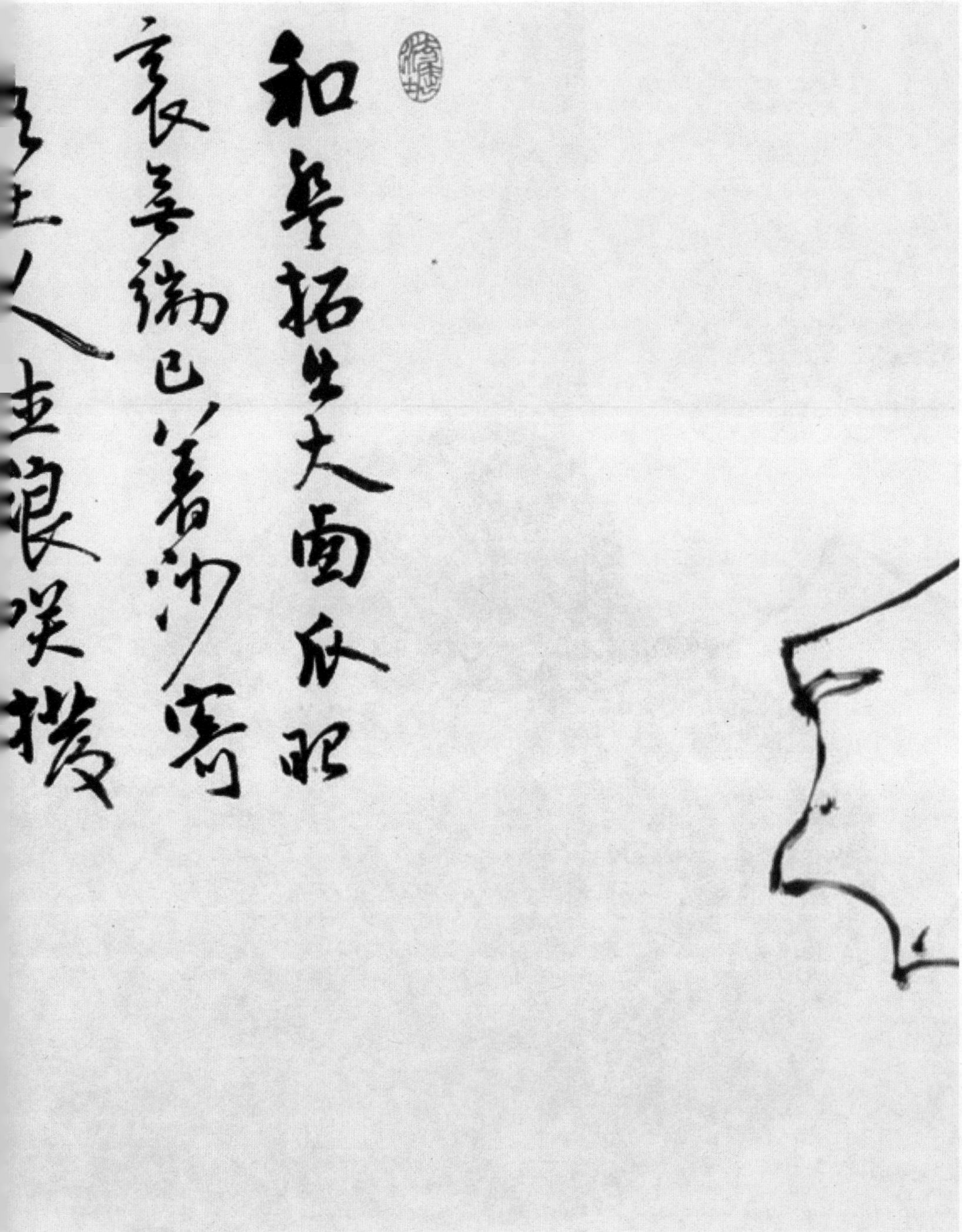

辭荒草萋萋不

高擲大抹多之憚果

能吾郭道自轉孤求客

高吾云岁渾將印補

甸了 今神典偈

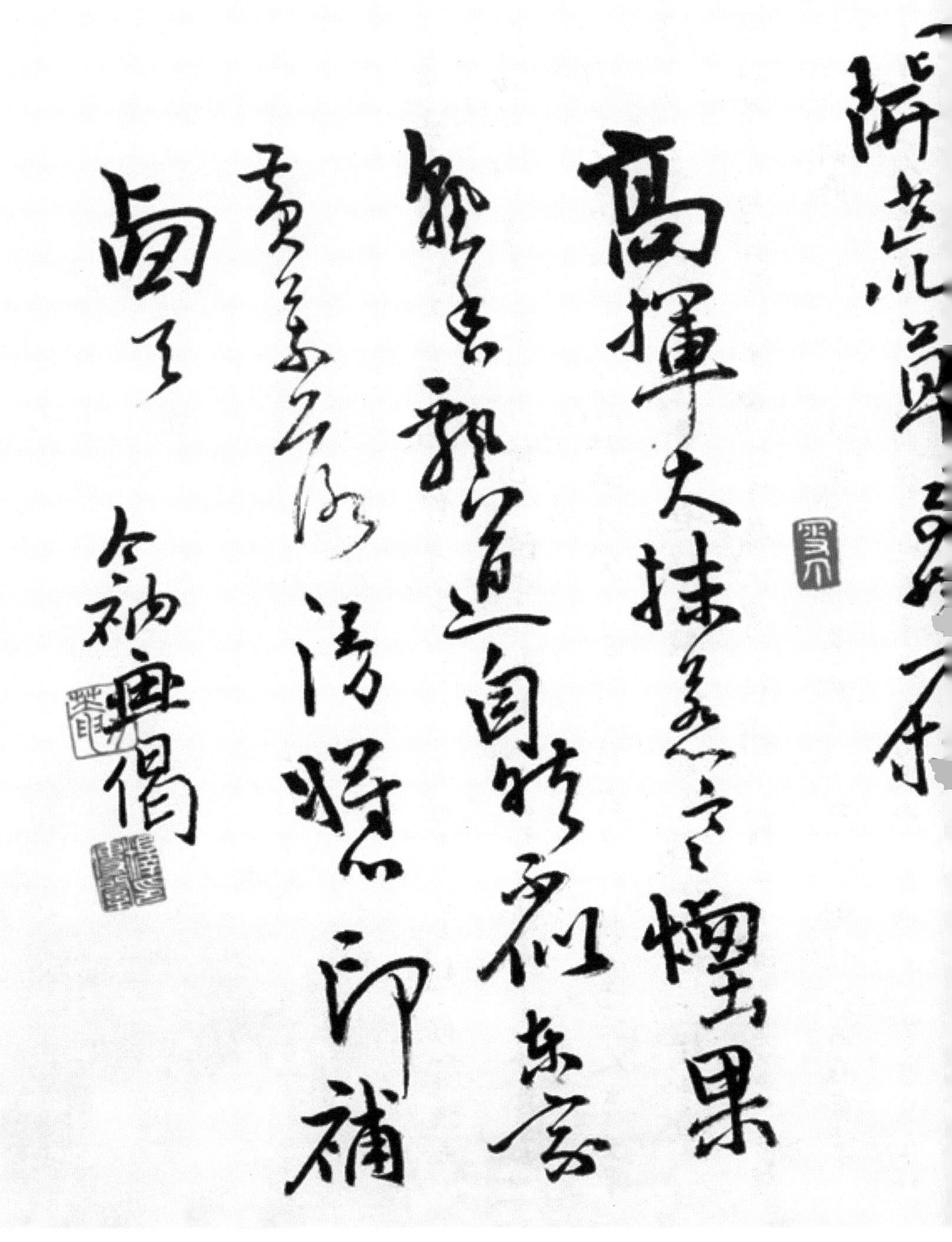

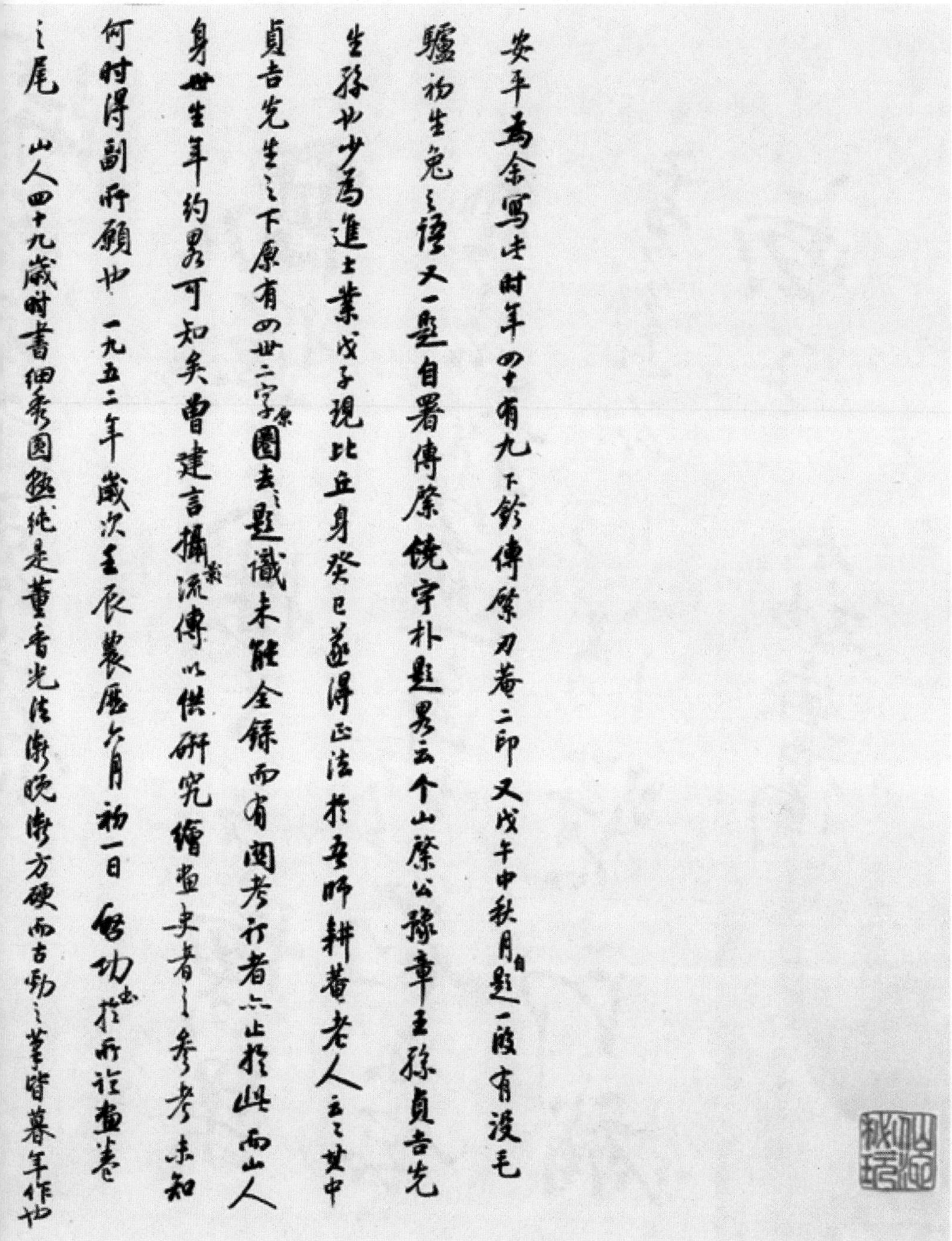

安平為余寫之時年四十有九下鈐傳綮刀菴二印又戊午中秋月自題一段有潑毛驢初生兔之語又一題自署傳綮號字朴題界云个山綮公豫章王孫貞吉先生孫也少為進士業戊子現比丘身癸巳遂得正法於吾師耕菴老人云云其中貞吉先生之下原有四世二字原圈去之題識未能全錄而有関考訂者亦止於此而山人身世生年約界可知矣曾建言攝影流傳以供研究繪畫史者之參考未知何時得副所願也 一九五二年歲次壬辰農曆六月初一日 啟功識於所註畫卷之尾 山人四十九歲時書細秀圓熟純是董香光法衡晚衡方硬而古勁之筆皆暮年作也

甲寅年四十有九歲窮方生於天啓六年丙寅如以週年計歲則當生於乙丑至於淡毛兔

之譏殆以中秋月之故豈生於中秋日耶此猷窮然出於戊子出家時廿三歲受戒時廿六歲邵青門記山

人出家又復還俗此戊午題中尚稱没毛驢是五十三歲時尚未還俗青門稱山人弱

冠遭變蓋指甲申上推廿年實為天啓五年知山人四十有九歲之題蓋自以週年計來

而青門所計記卻非週年也

代後人遂至私亍亍好行
則掠掠財与殺人々者包
無外不有蚩々氓勤包
諡々拜
史載殺人駐北斎推高
洋歷时来千載復有朱
元璋清人代明政走目
挙先皇康熙下拜後洪
武仍平常
元戎基督徒问其部下
將禱告近如有若言
聖靈降元戎摑一掌儼
然於瘋棒乃知耶与穆
条透都一樣
宇宙一車輪社會一戲台
亦車觀戲劇时樂亦
时哀车輪無停撤所載
不復回場中有醉鬼兇
口姑一鬧
神滅神亦滅有鬼或無
鬼滔々論不已各自憑其
嘴我代千年後此論終難
止可怕在活人萬般弔
其詭
老子说大患々在吾有身
斯亍々哀且痛五千奚再
論佛陀徒止欲孔孟枉
教仁荀卿主性惡坦卒
豈無因
世人無賢愚皆願得去
壽幸福盼其来分秒瞬
即窮縱活至百年何嘗
覺其夠最終呼吸前仕
事一塵厚

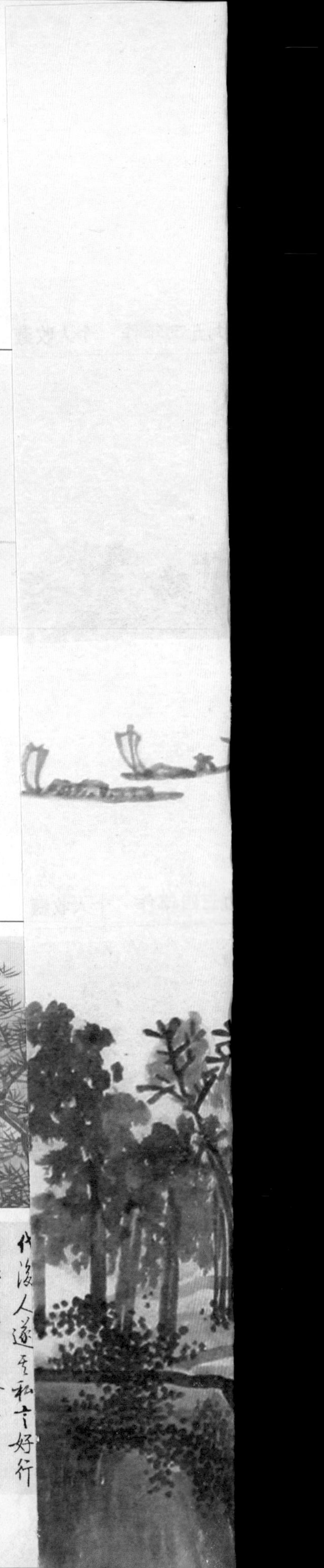

临宋人山水

临宋人山水

手卷

24cm × 485cm

一九三四年作　设色纸本　个人收藏

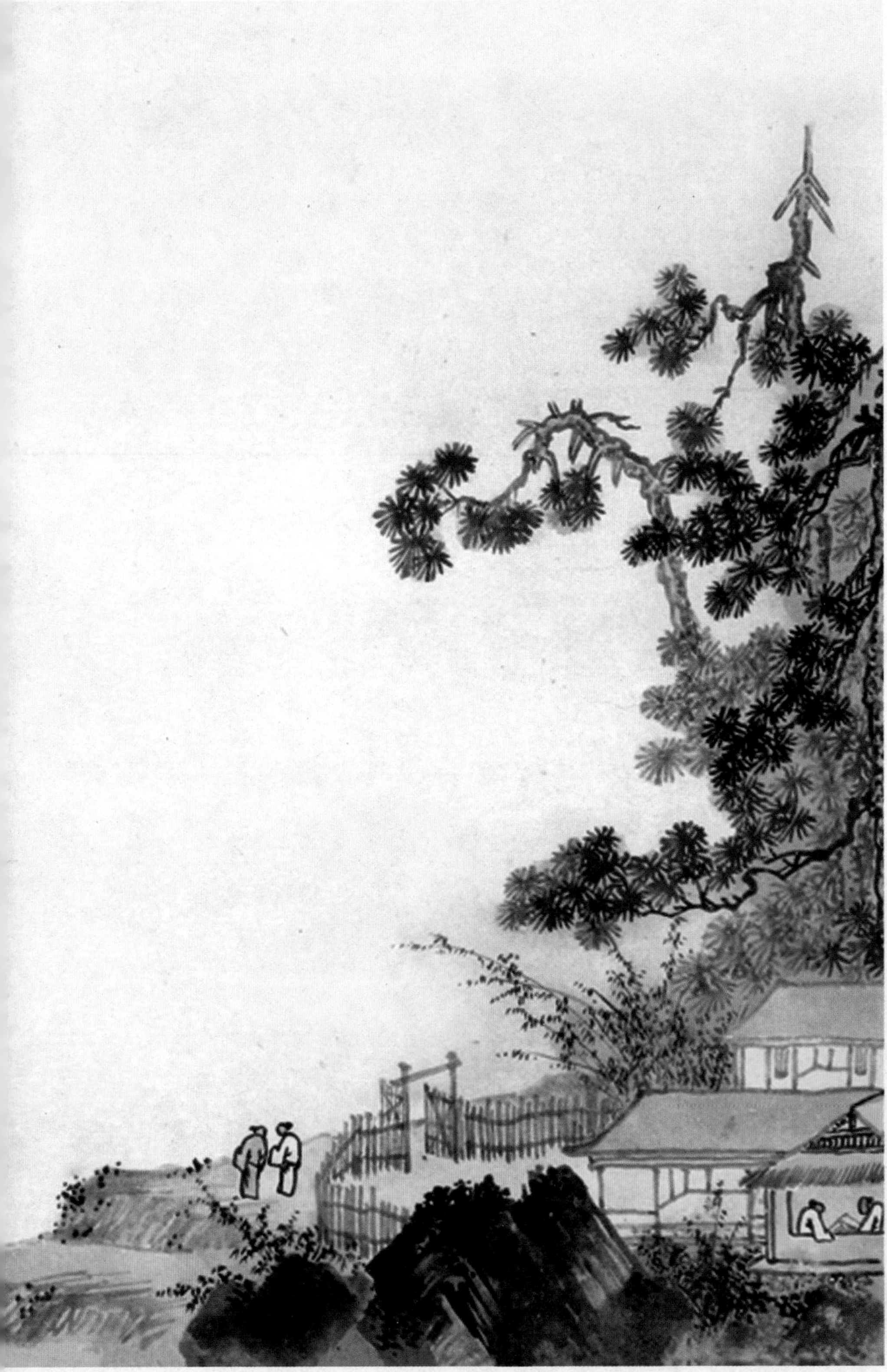

17

手卷

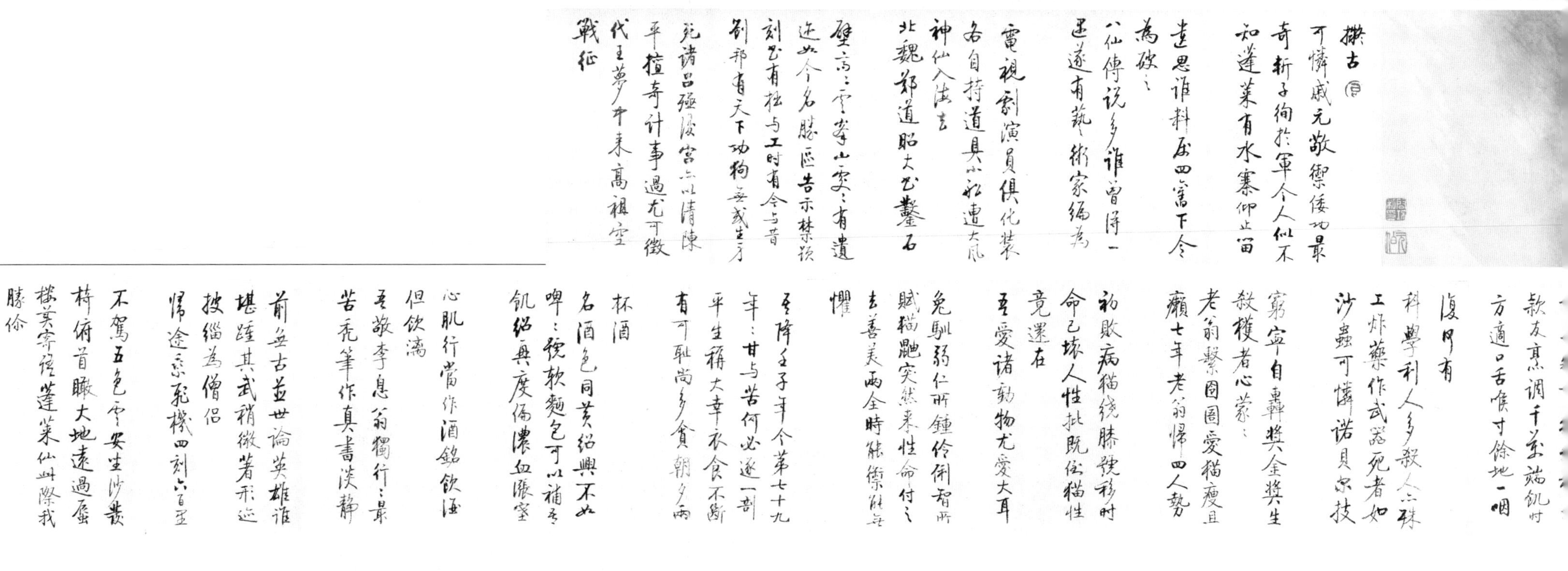

朱竹　个人收藏

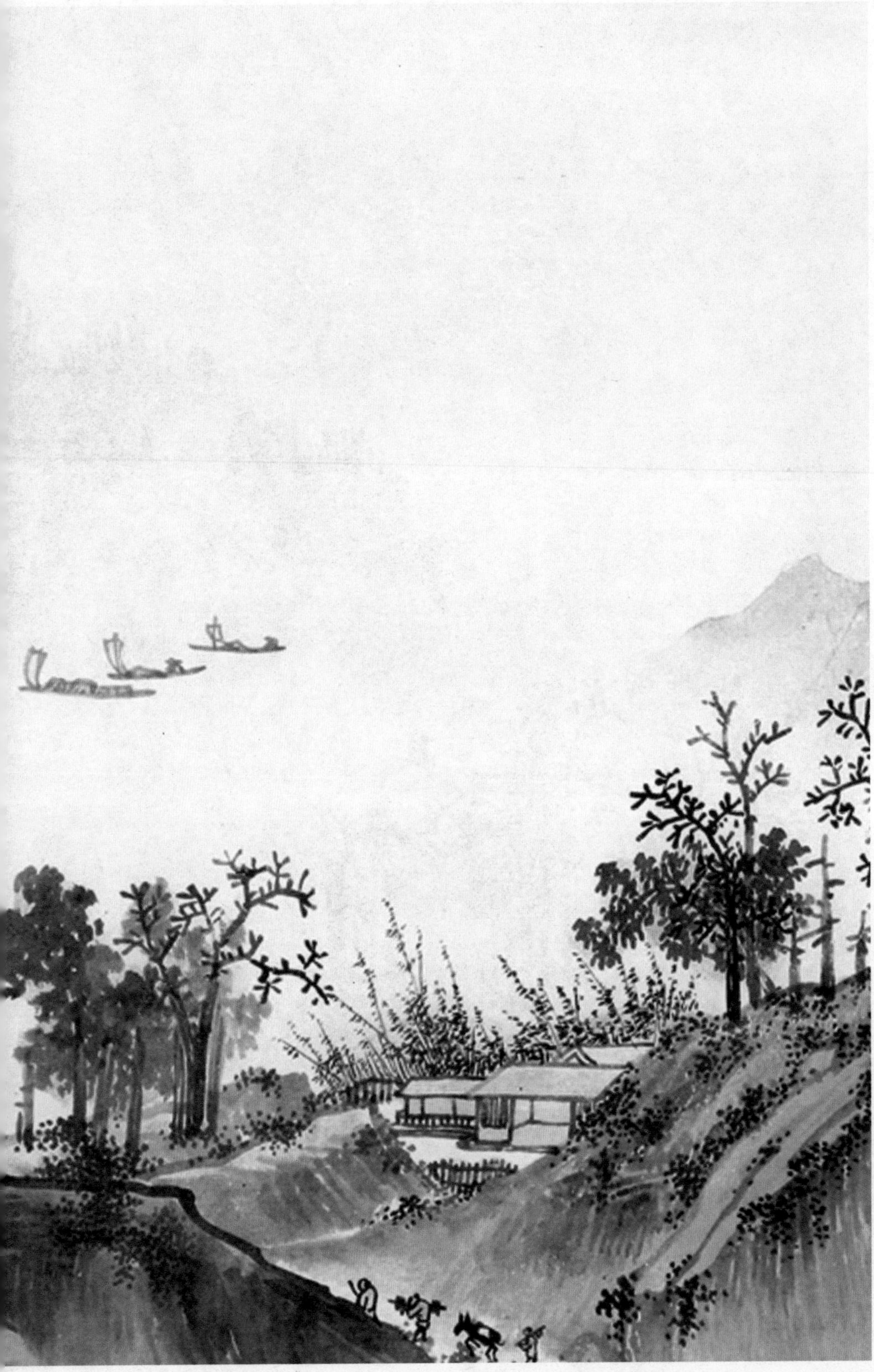

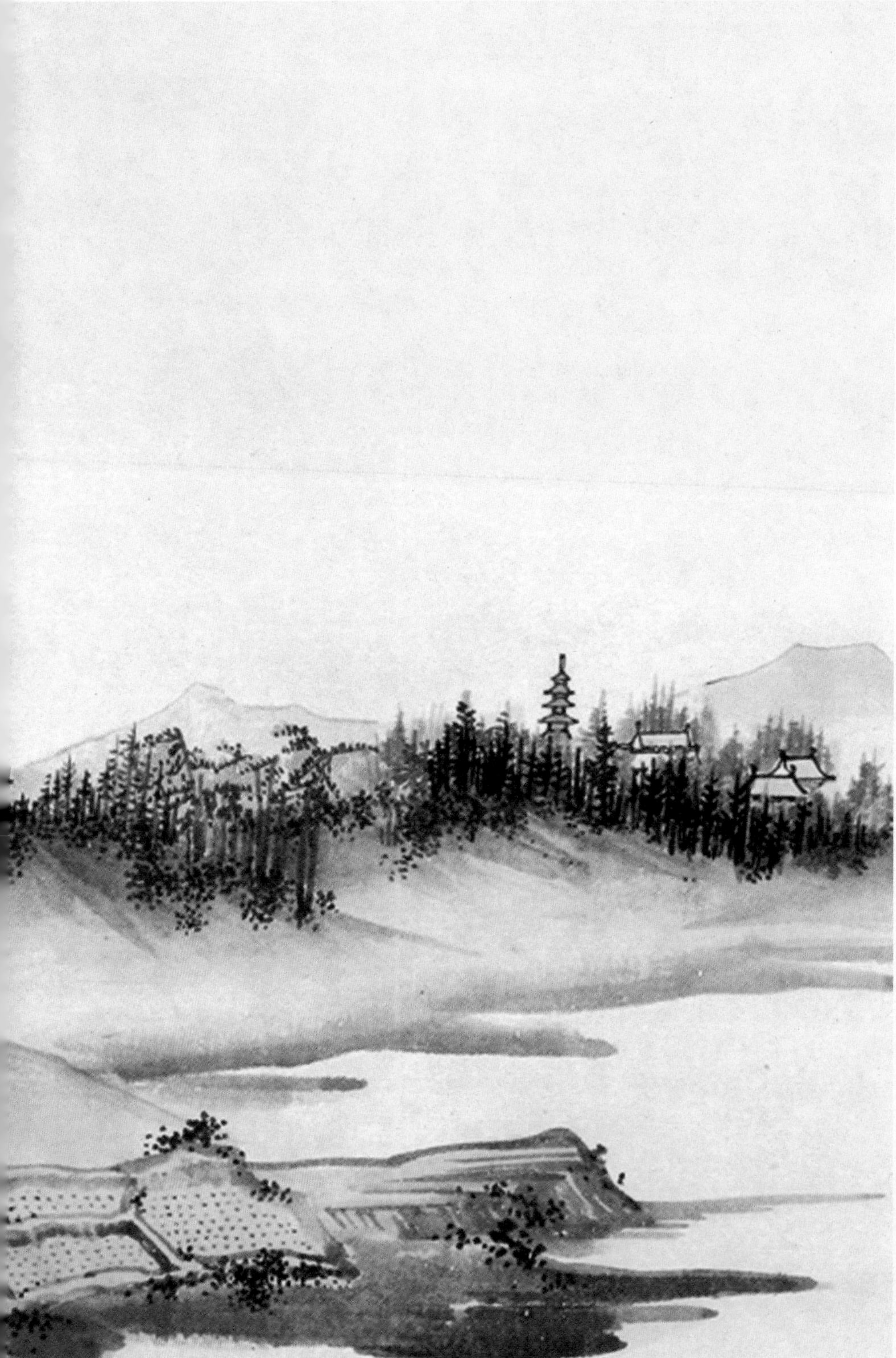

37

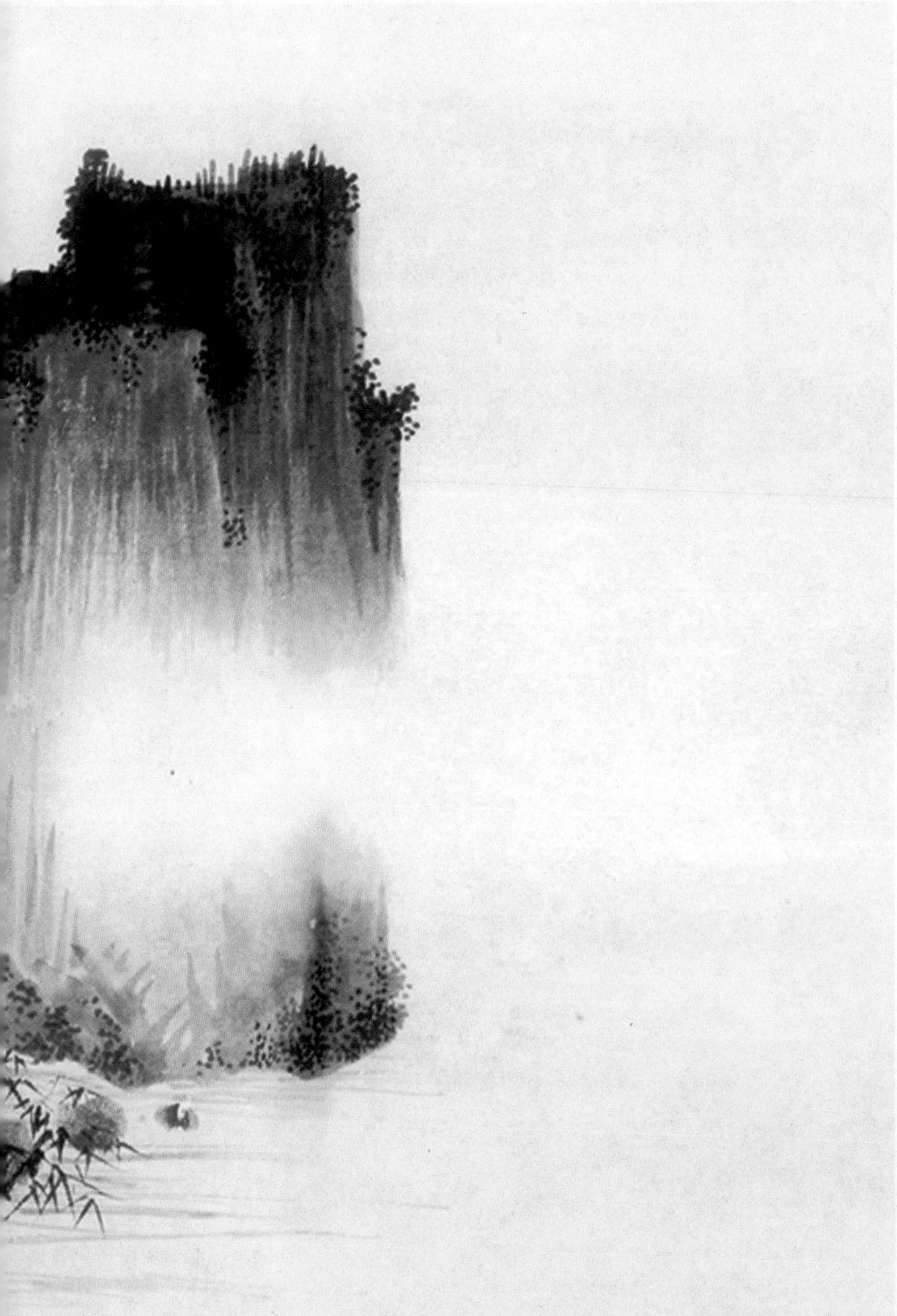

甲戌三月啓功臨宋人本

朱竹

朱竹

手卷

设色纸本

10cm × 302cm

个人收藏

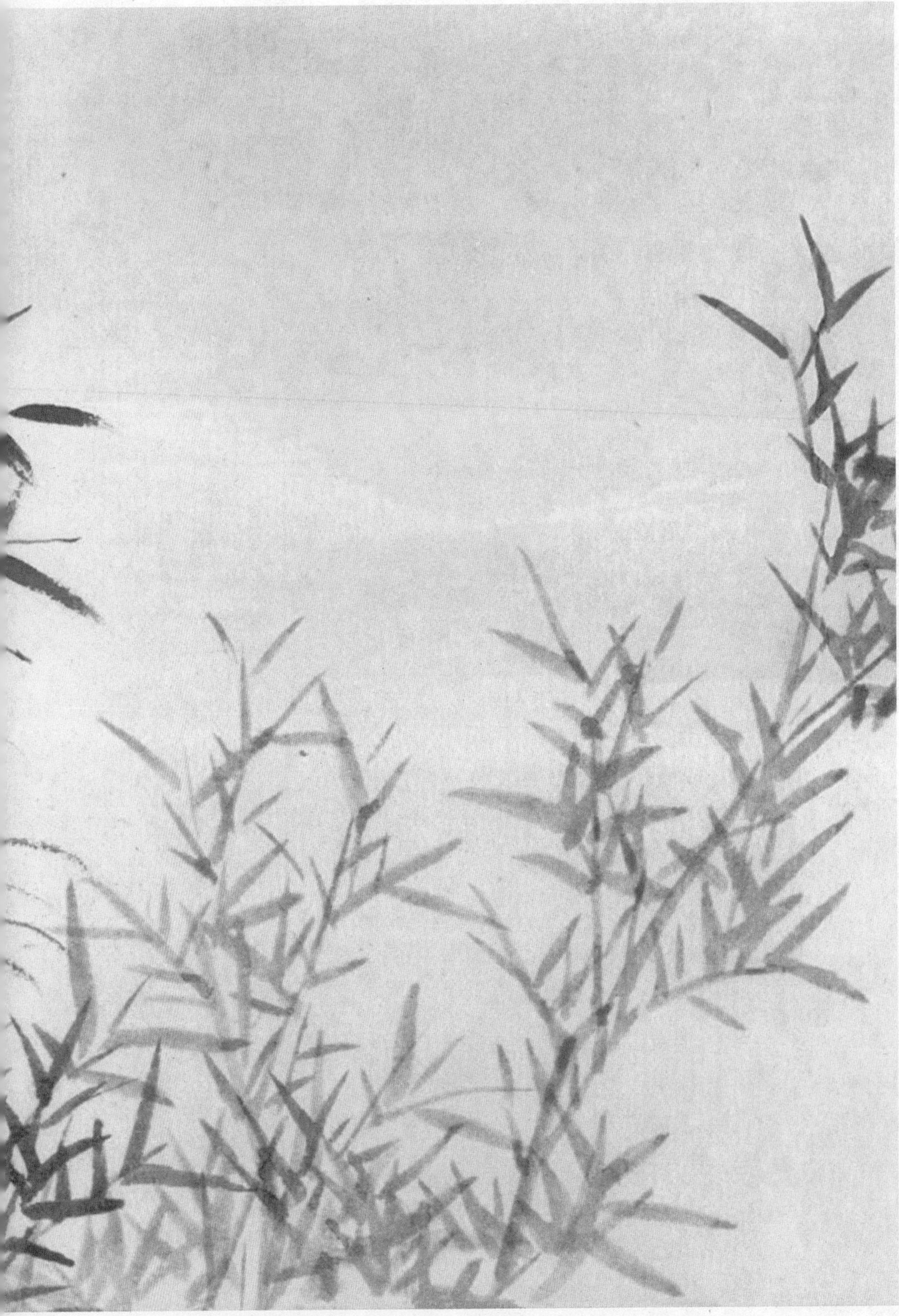

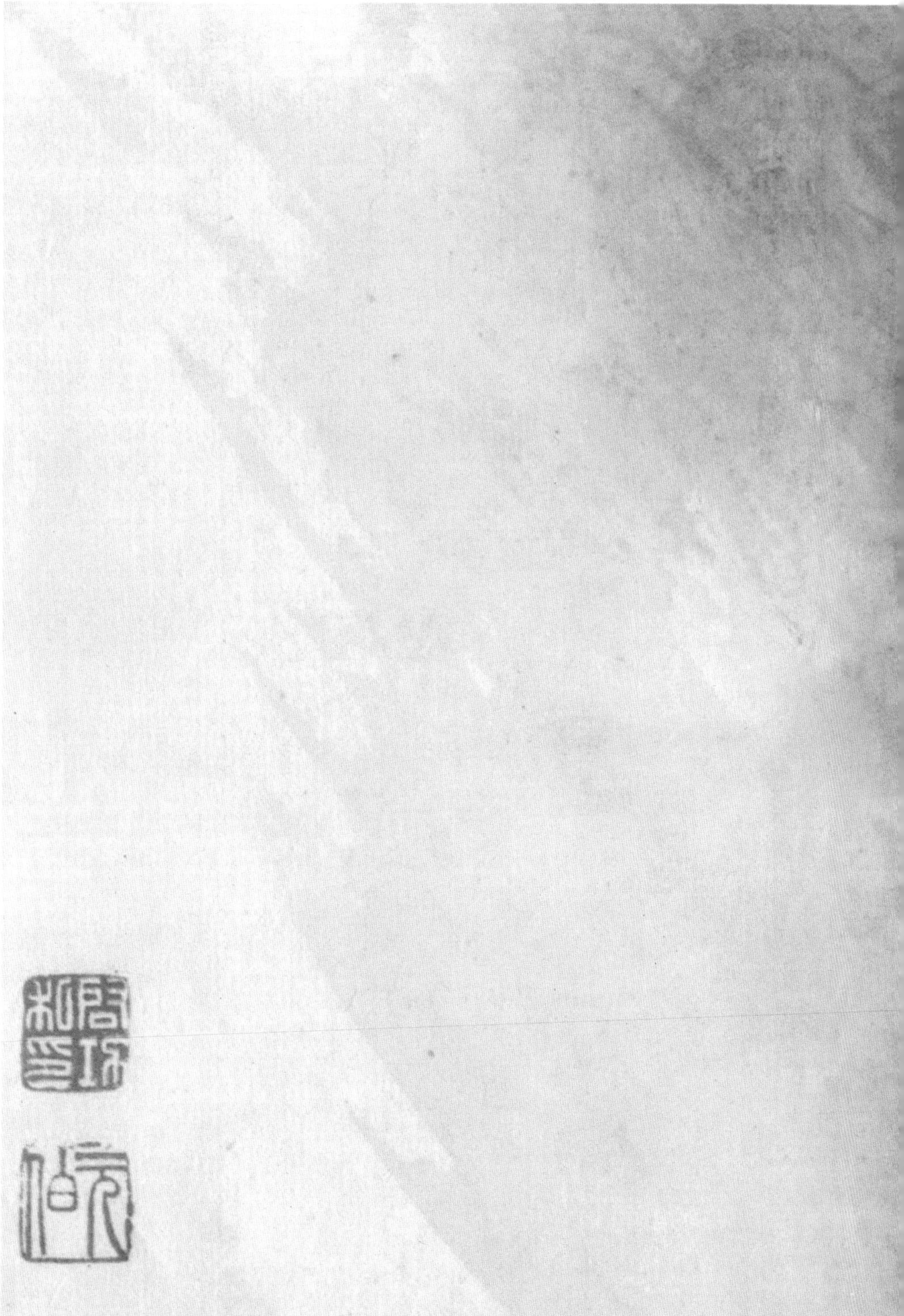

擬古

可憐戚元敬衛倭功最奇斬子徇於軍令人似不知蓬萊有水寨仰止留

遙思誰料屋四當下令
為破之
八仙傳說多誰曾得一
遇遂有藝術家編為

電視劇演員俱化裝

各自持道具小船遭大風

神仙入法去

北魏鄭道昭大書鑿石

壁高高云峰山山叠叠有遗
迹如今名胜区告示禁谈
刻石有拓与工时有今与昔
刘邦有天下功狗无戎生牙

死諸呂殛後宮亦以清陳平擅奇計事過尤可徵代王夢中來高祖空戰征

君屢出岐山之為自全計
後主抑其表足見將與
嫉粮頤司馬懿曹丕屢
相戾方翊知舜禹轉瞬

食至弊

名人多以著書所以教後

代後人遂至私亡好行

則壞掠財與殺人之者包

海外不有蚩蚩氓勤色
望望拜
史载杀人雄北斋推高
洋历时来千载复有未

元璋清人代的政要目
攀先皇康熙下拜後洪
武仍平常
元戎基楷傳问其部下

將禱告近如日冬言
聖靈降之戒摑一掌儆
醒所濟棒乃知耶与禪
參透都一樣

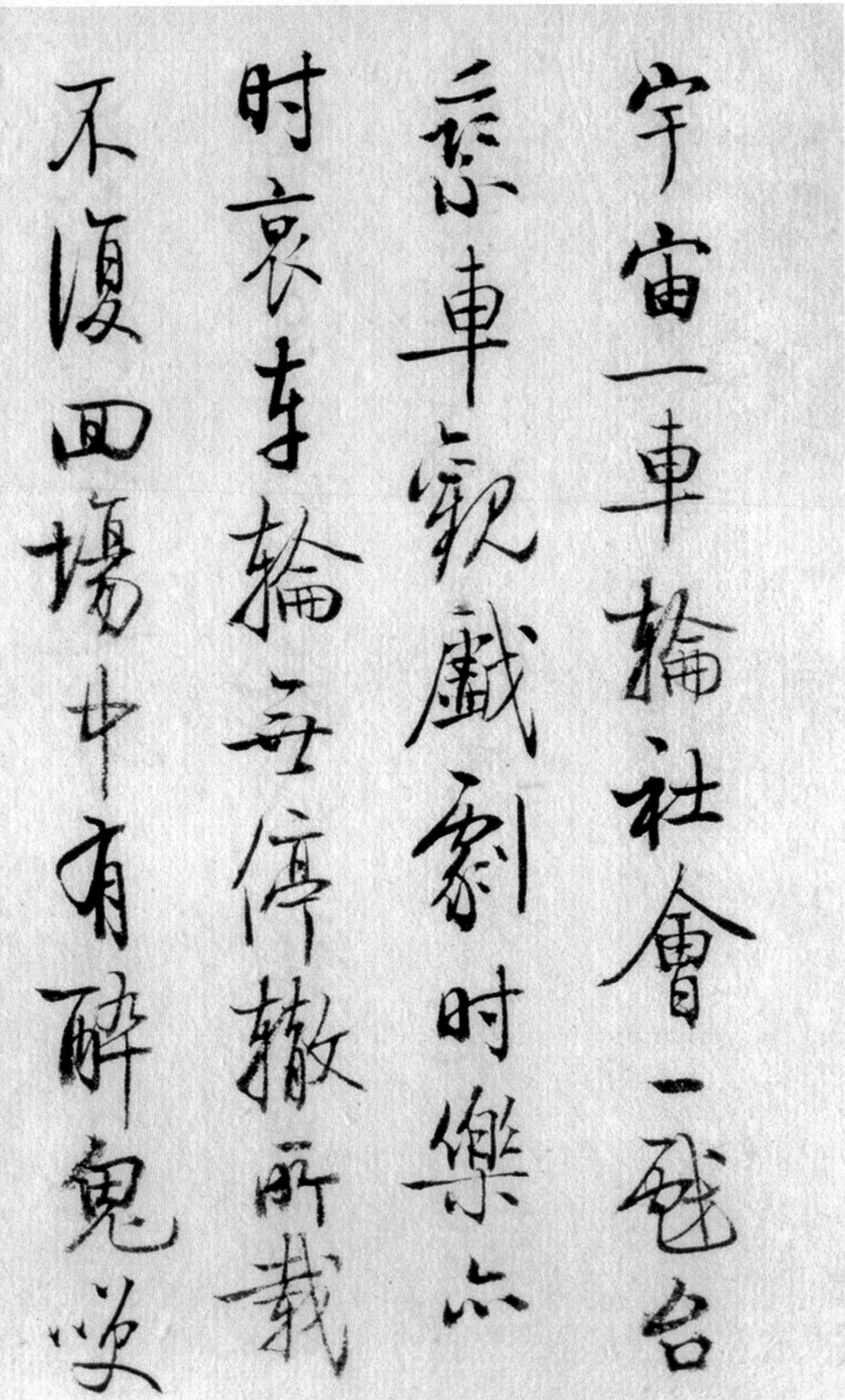
宇宙一車輪社會一戲台
乘車觀戲劇時樂亦
時哀車輪無停轍所載
不復回場中有醉兒笑

口姑一開
神滅神不滅有鬼或無
鬼滔滔論不已各自憑其
嘴我從千年後此論終難

止可怕在活人萬般弔
其詭
老子說大患患在吾有身
斯言哀且痛五千奚再

論佛陀徒止欲孔孟枉
教仁荀卿主性惡坦率
豈無因
世人每賢愚皆願得去

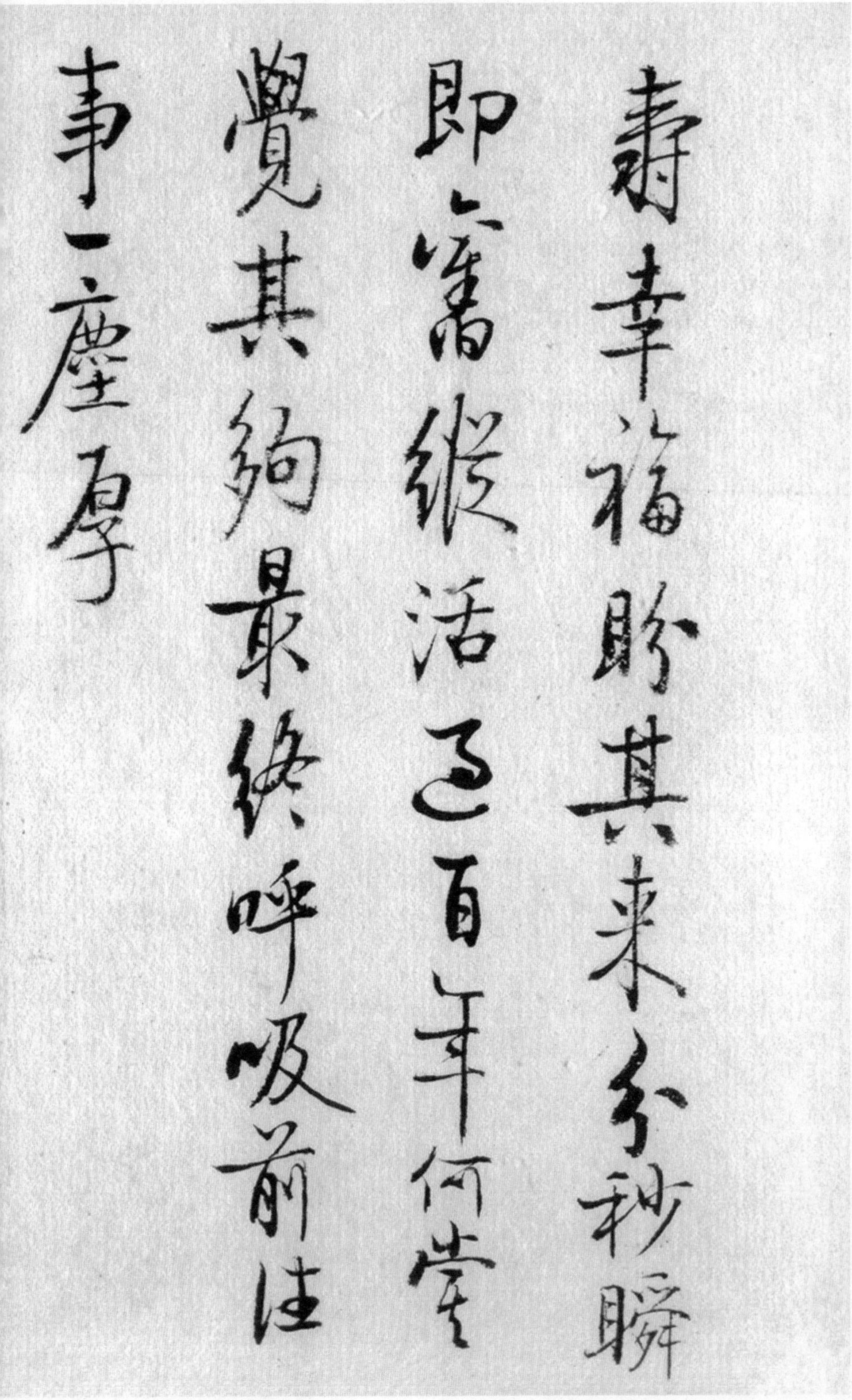
壽幸福貽其來分秒瞬
即當縱活過百年何嘗
覺其夠最後呼吸前往
事一塵厚

人生所需多飲食居處
首五臟与三牲祀神靈
款友烹調千萬端飢时
方適口舌喉寸餘地一咽

復問有
科學利人多殺人亦殊
工炸藥作武器死者如
沙蟲可憐諾貝宗技

窮寧自轉將與金將與生
殺獲者心蒙蒙
老翁繫囹圄愛貓瘦且
癩七年老翁歸四人勢

初取病猫绕膝蹊移时
命已振人性批既任猫性
竟還在
吾爱诸動物尤爱大耳

免馴弱仁所鍾伶俐智所
賦猫鼬突然来性命付之
去善美兩全時能儆醒無
懼

吾降壬子年今第七十九
年年甘与苦何必逐一剖
平生称大幸衣食不断
有可耻尚多贫朝夕两

杯酒

名酒色同黃紹興不如

啤啤饅軟麵包可以補吾

饑紹興慶偏濃血漲室

心肌行當作酒銘飲海
但飲漓
吾敬李息翁獨行〻最
苦秃筆作真書淡靜

前無古並世論英雄誰
堪踵其武稍微著形迹
披緇為僧侶
歸途憑飛機四刻六百里

不駕五色雲安坐沙發
椅俯首瞰大地遠過蜃
樓美寄語蓬萊仙與際我
膝係

右二十首去歲游蓬萊作偶得小冊燈下書之公元一九九一年夏日啓功

長松叢獅子吼煙
石坐筆牀剅禪篆
問松光消息道人

一首壽人

溪物志學畫家
未成丙間筆又四十
手無多兄名此
枝橫拈毫去心意
課習卷二世乩正
志森志兄為我剪以
冊之辛未友日 啟功

溫故知新

風入淇園萃竹新硯池
餘墨寫來真干霄直節
憑君傳示必天寒翠袖人

直筆拋荒四十年
東然往事付雲煙
餘身寫平波路近碧
遠青好放舩

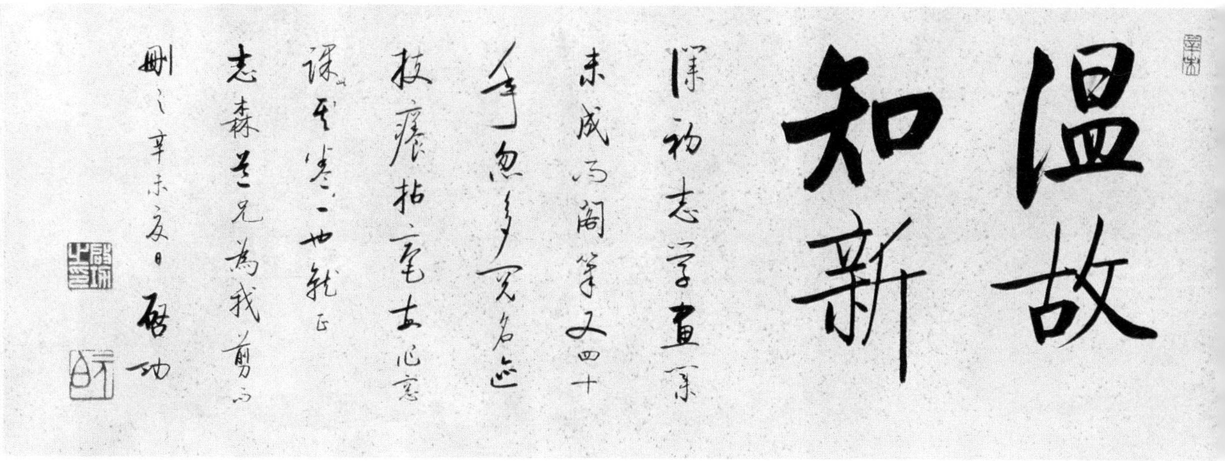

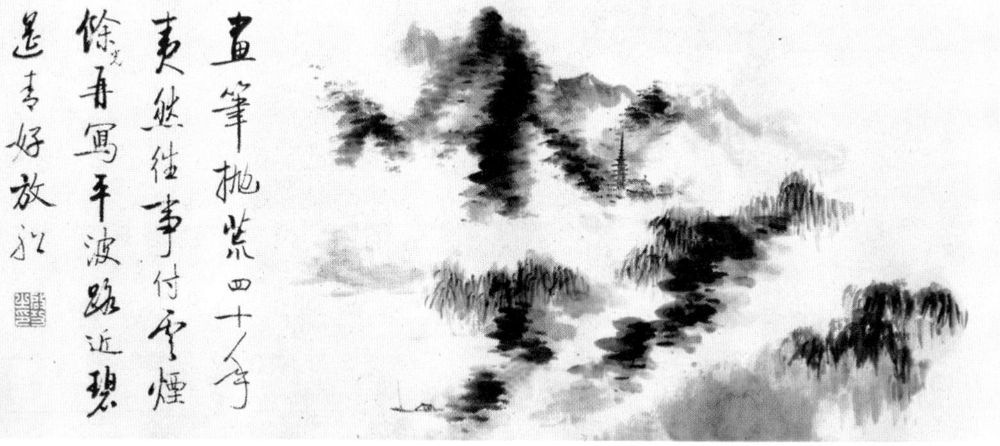

云山图　一九三八年作　个人收藏

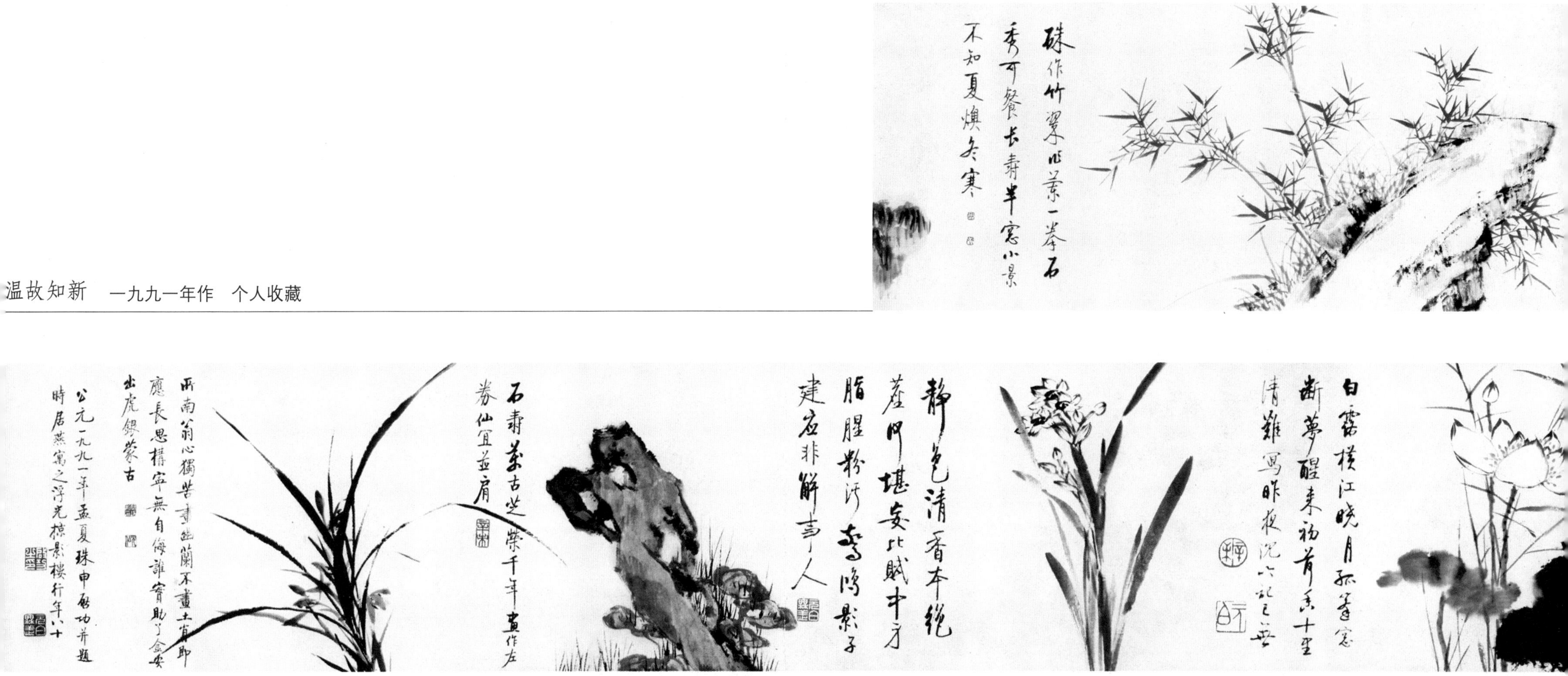

温故知新　一九九一年作　个人收藏

云山图

云山图

手卷　6.5cm×95cm

一九三八年作　设色纸本　个人收藏

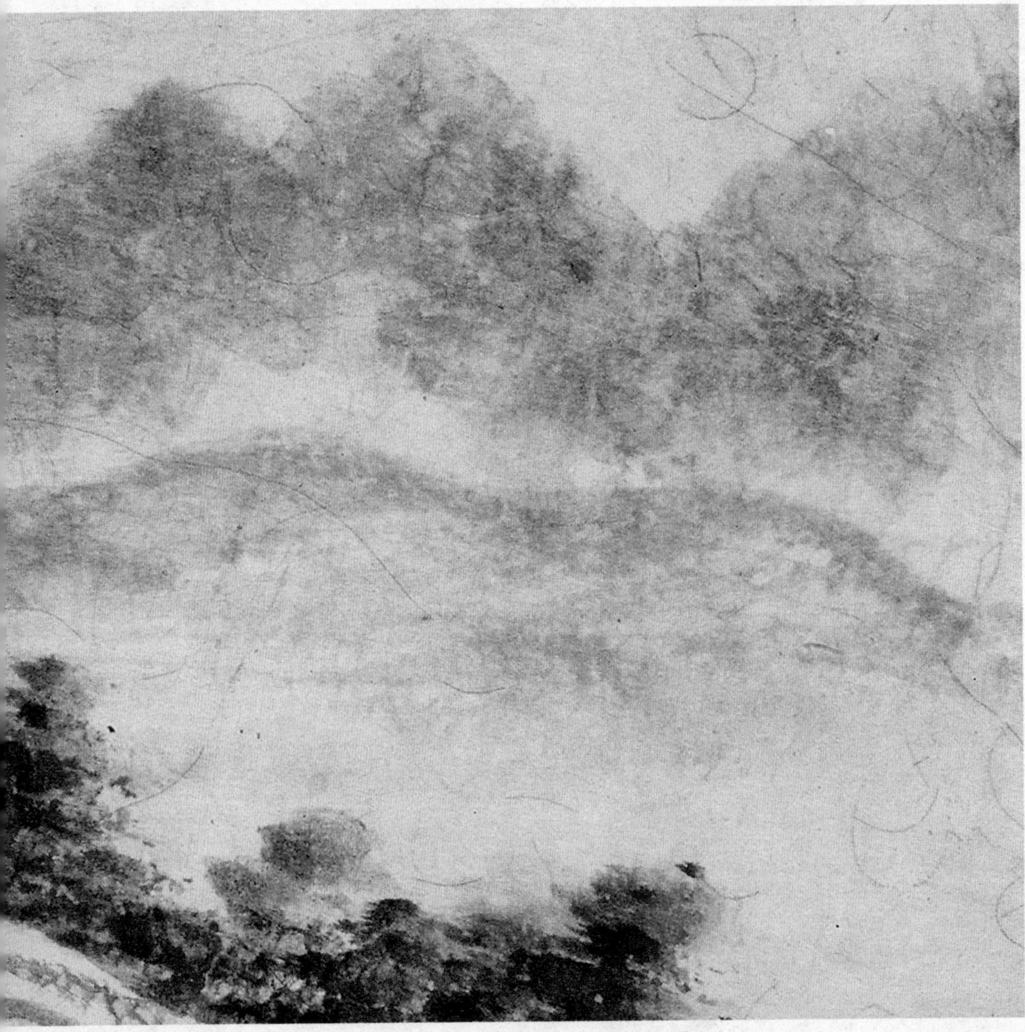

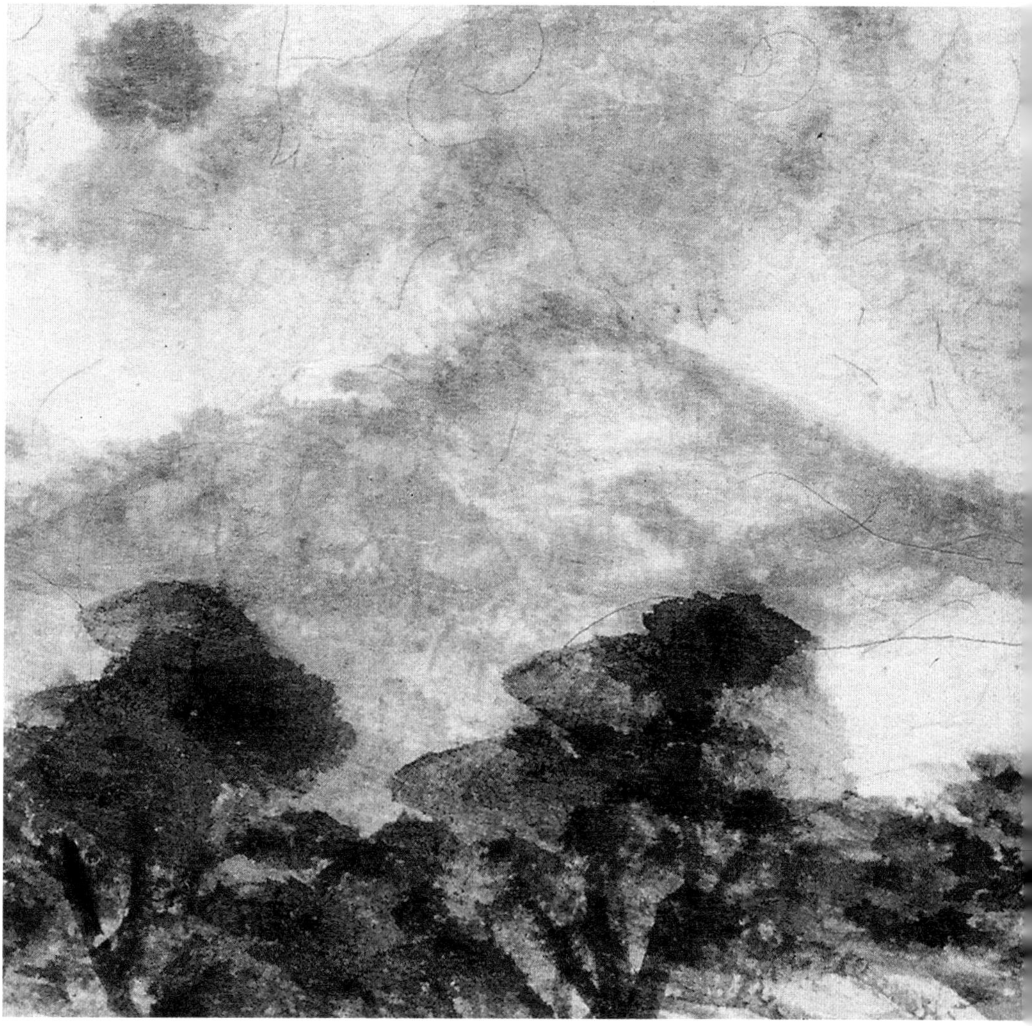

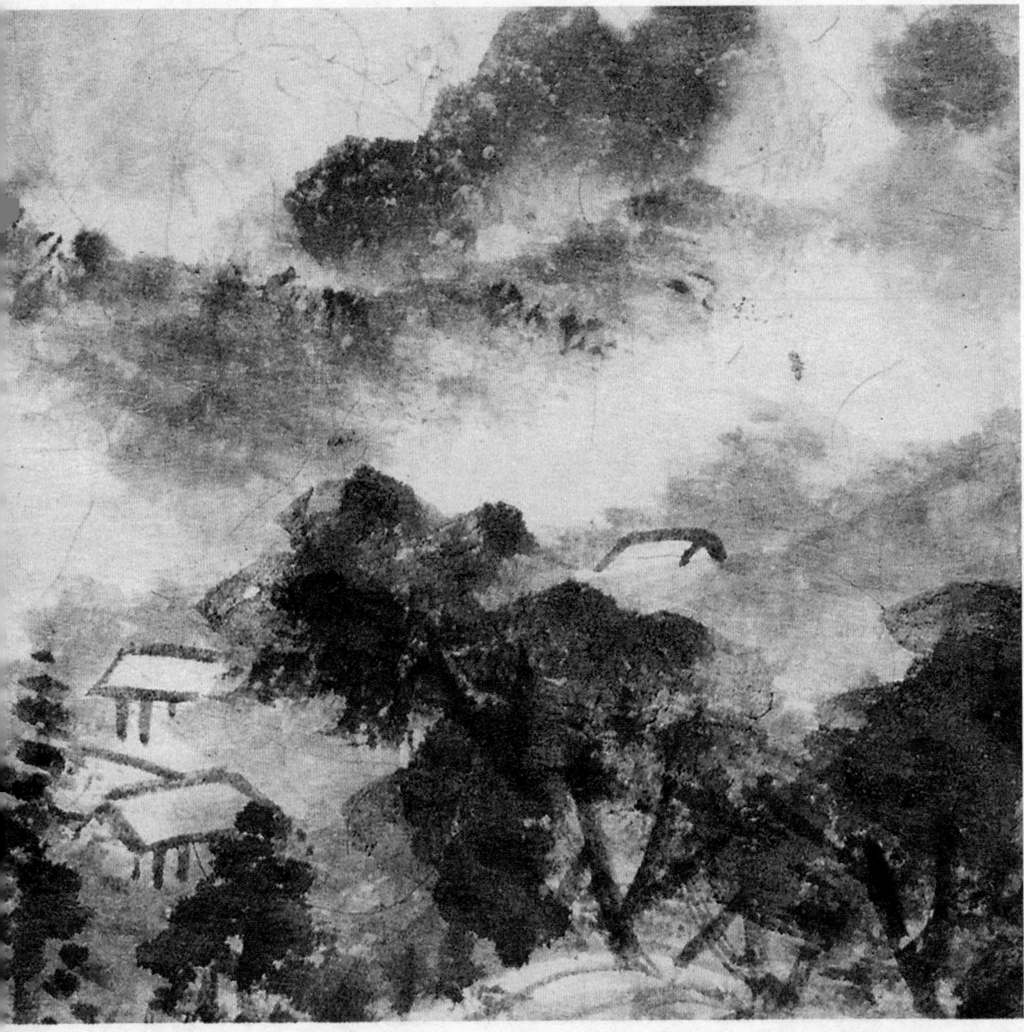

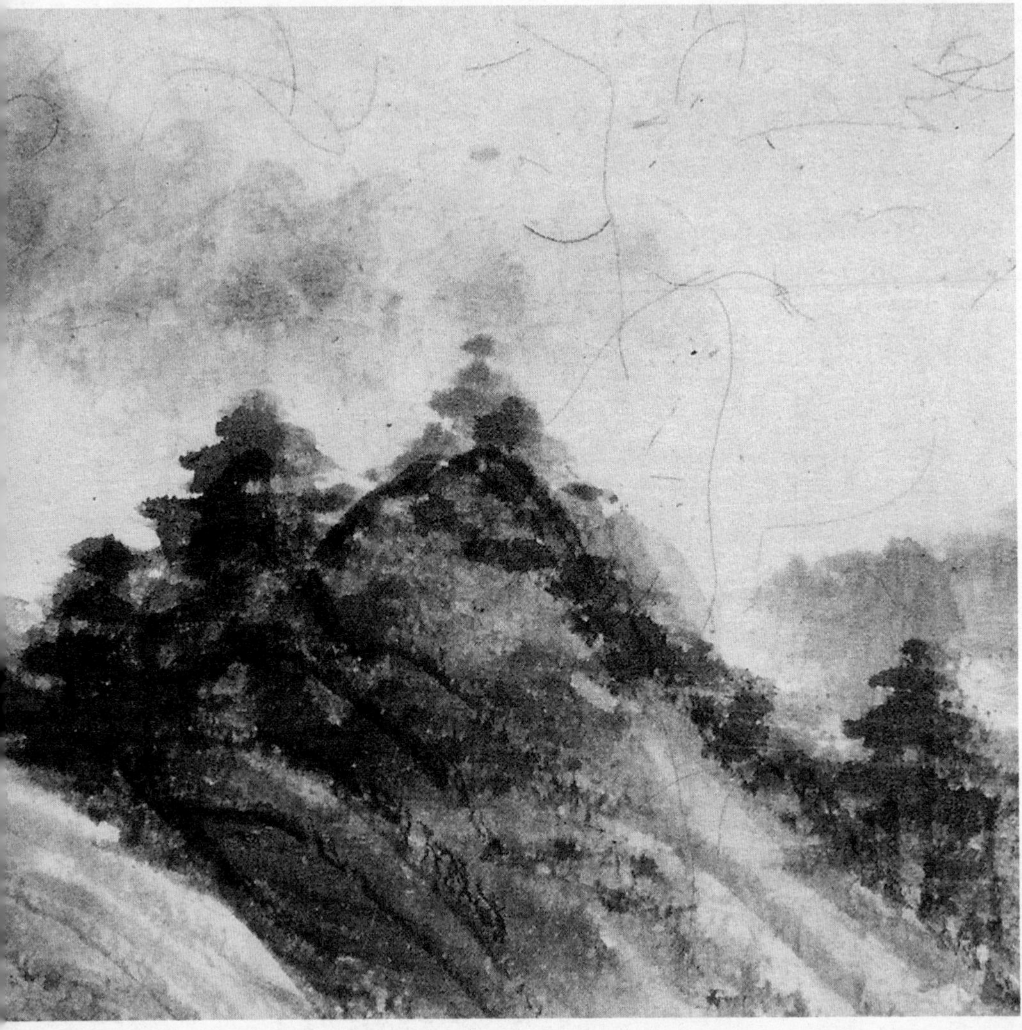

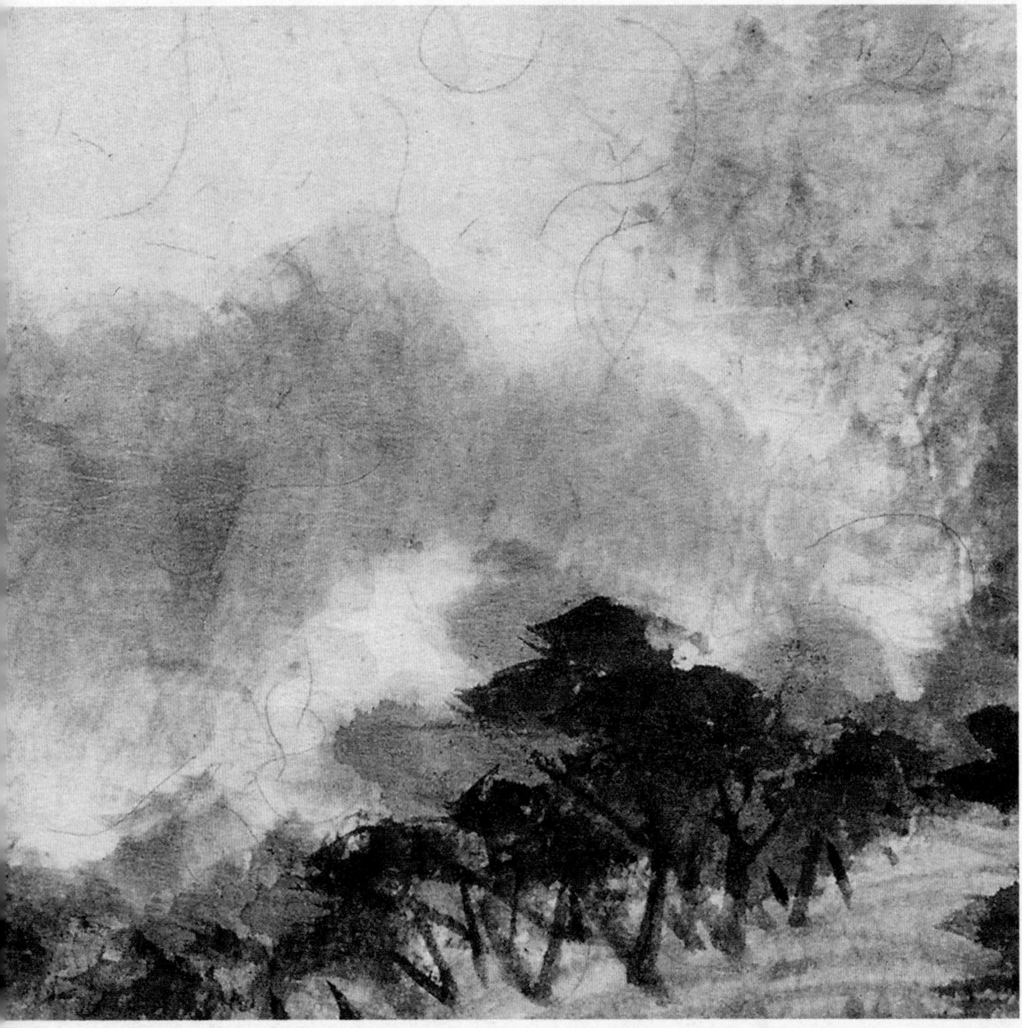

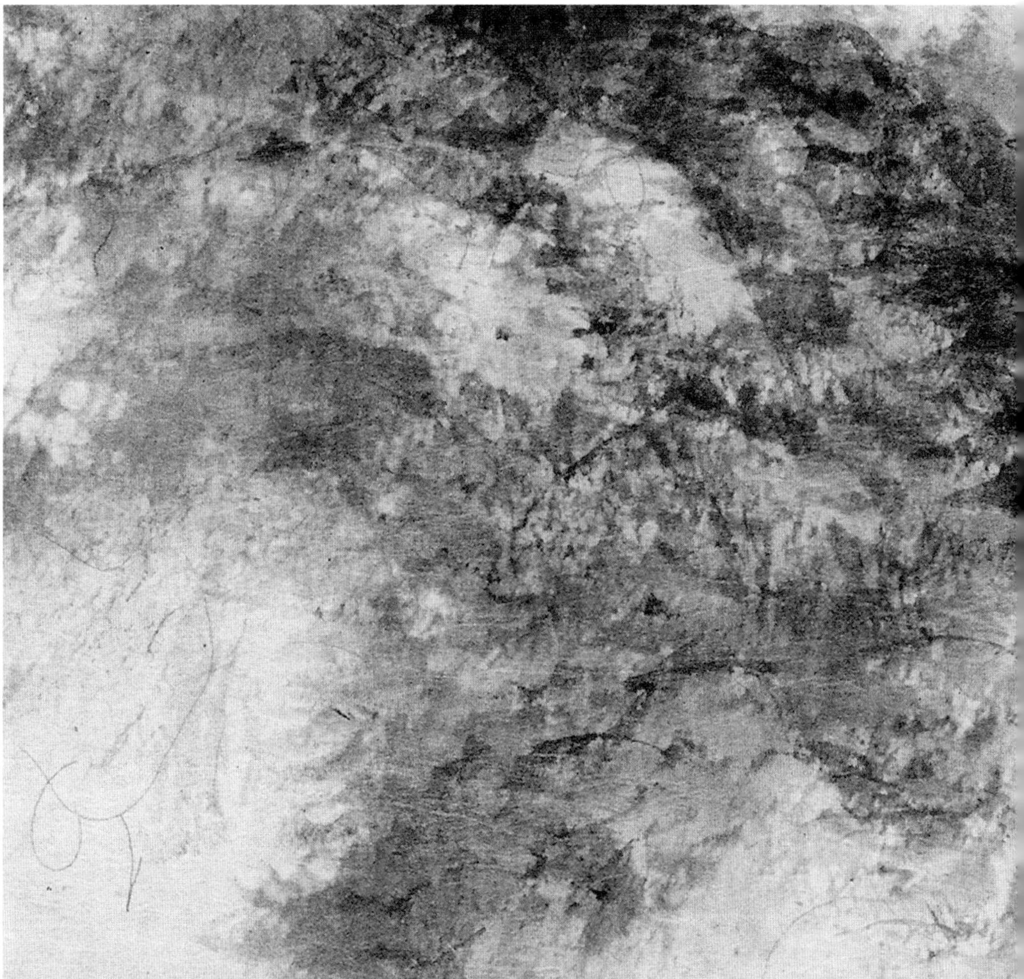

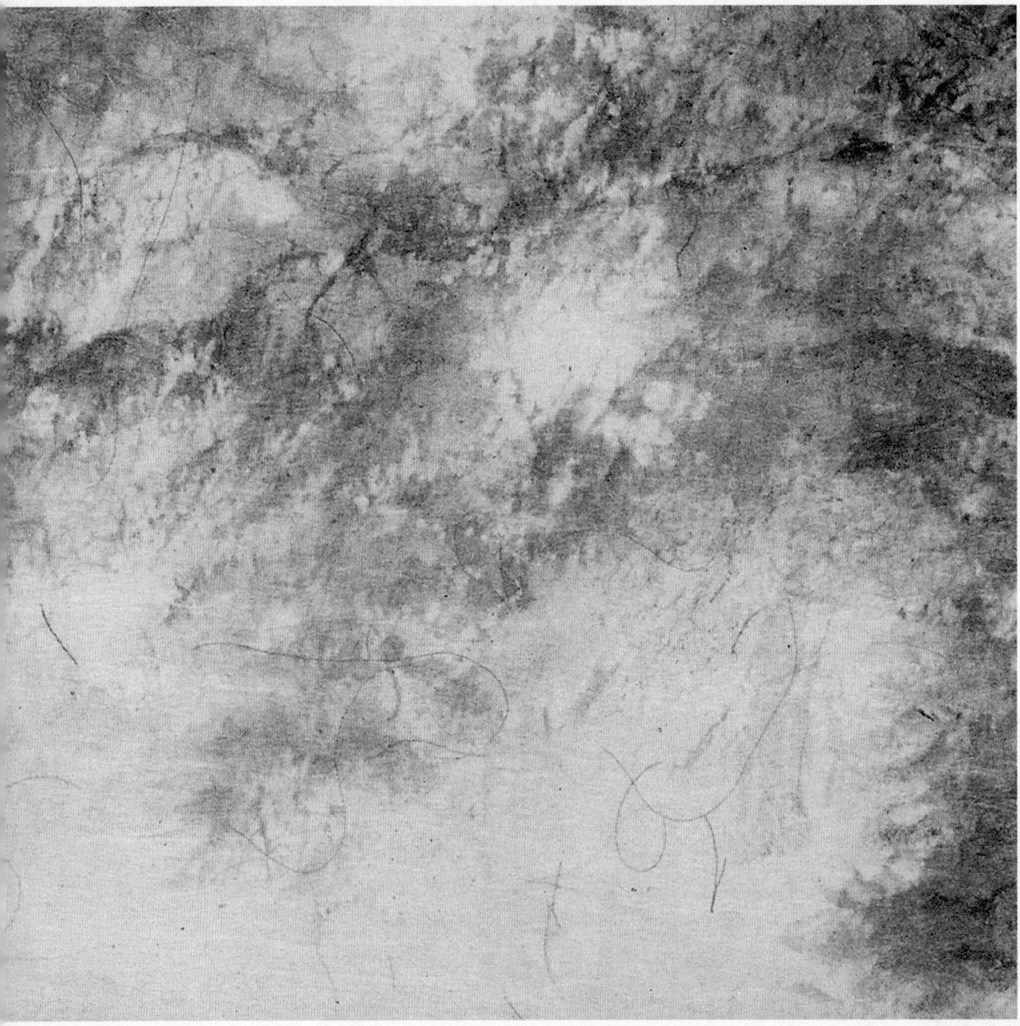

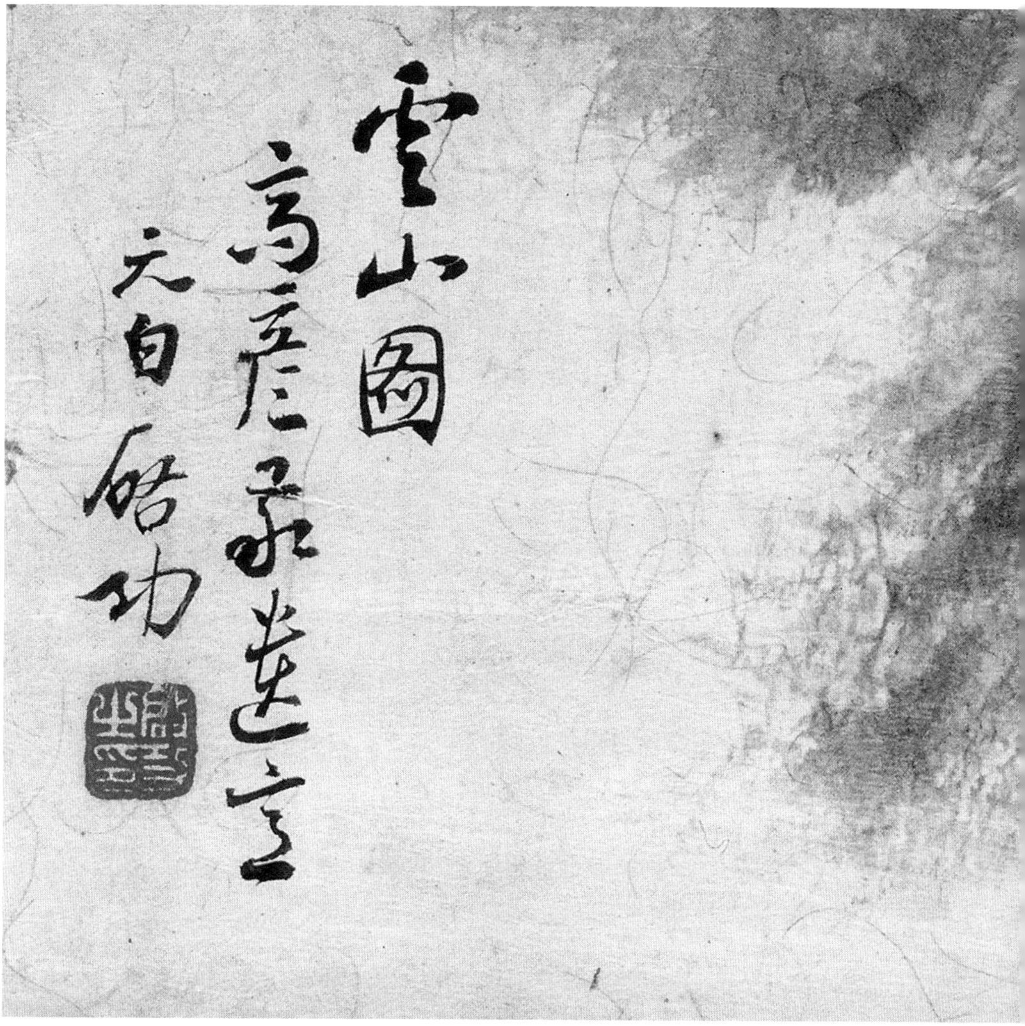
雪山圖
元白啟功

温故知新

温故知新

手卷

一九九一年作　设色纸本　个人收藏

24cm×476cm

温故

知新

僕初志學畫緣

未成而閣筆又四十

枝痕拈一毫去心意

諌不去些也乾

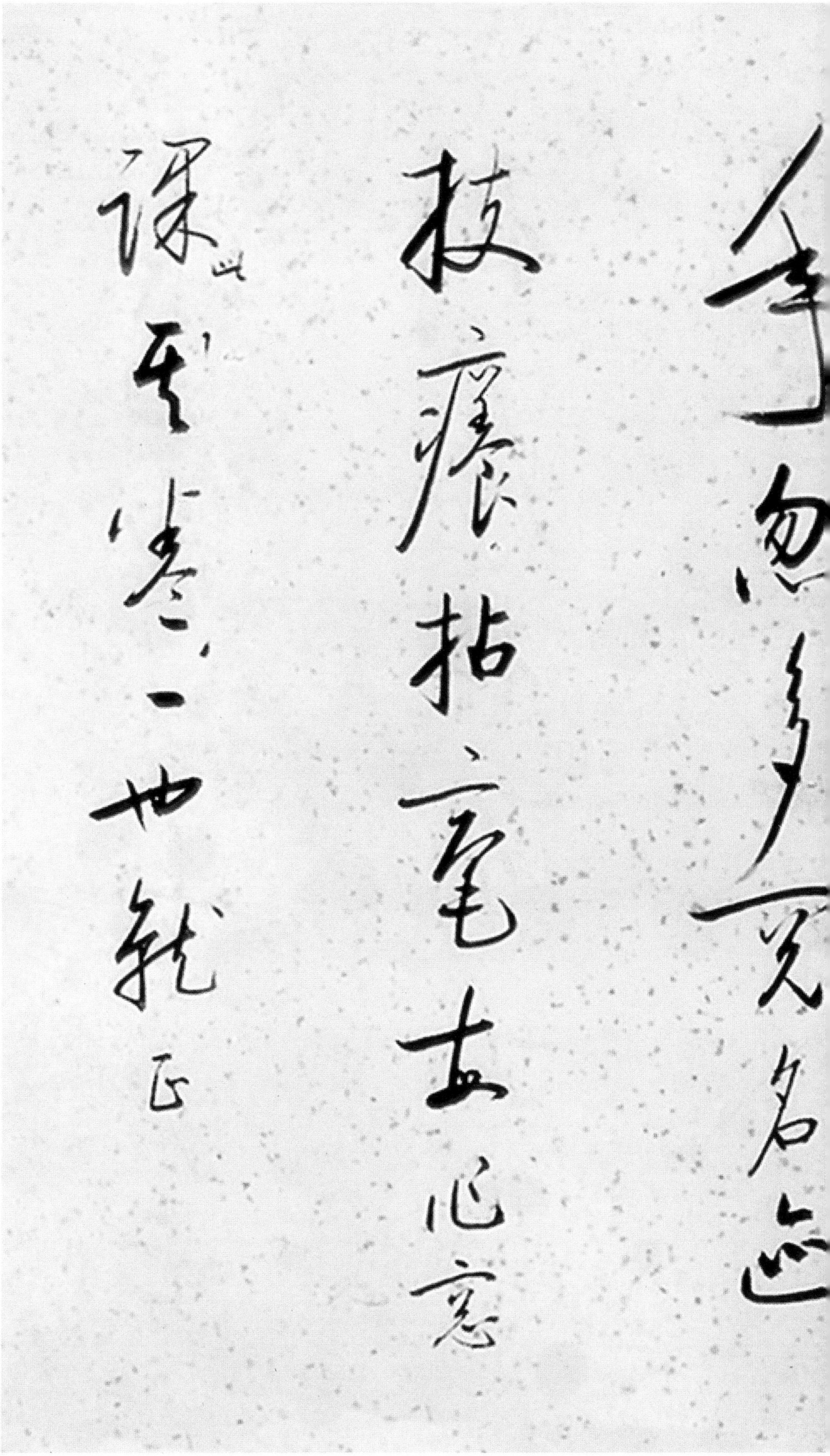

枝瘼拈二毫去心意

深至考二也乾正

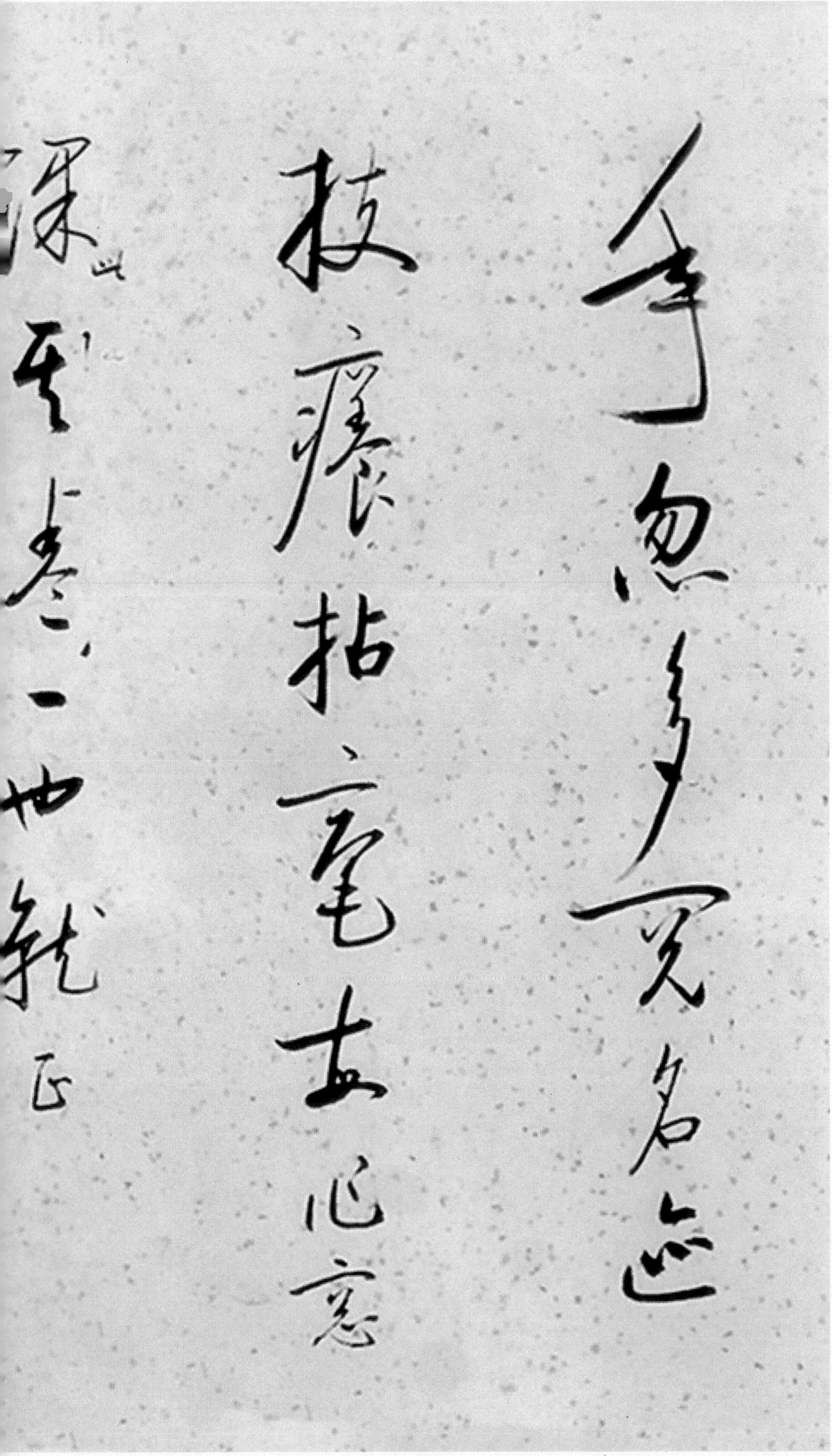

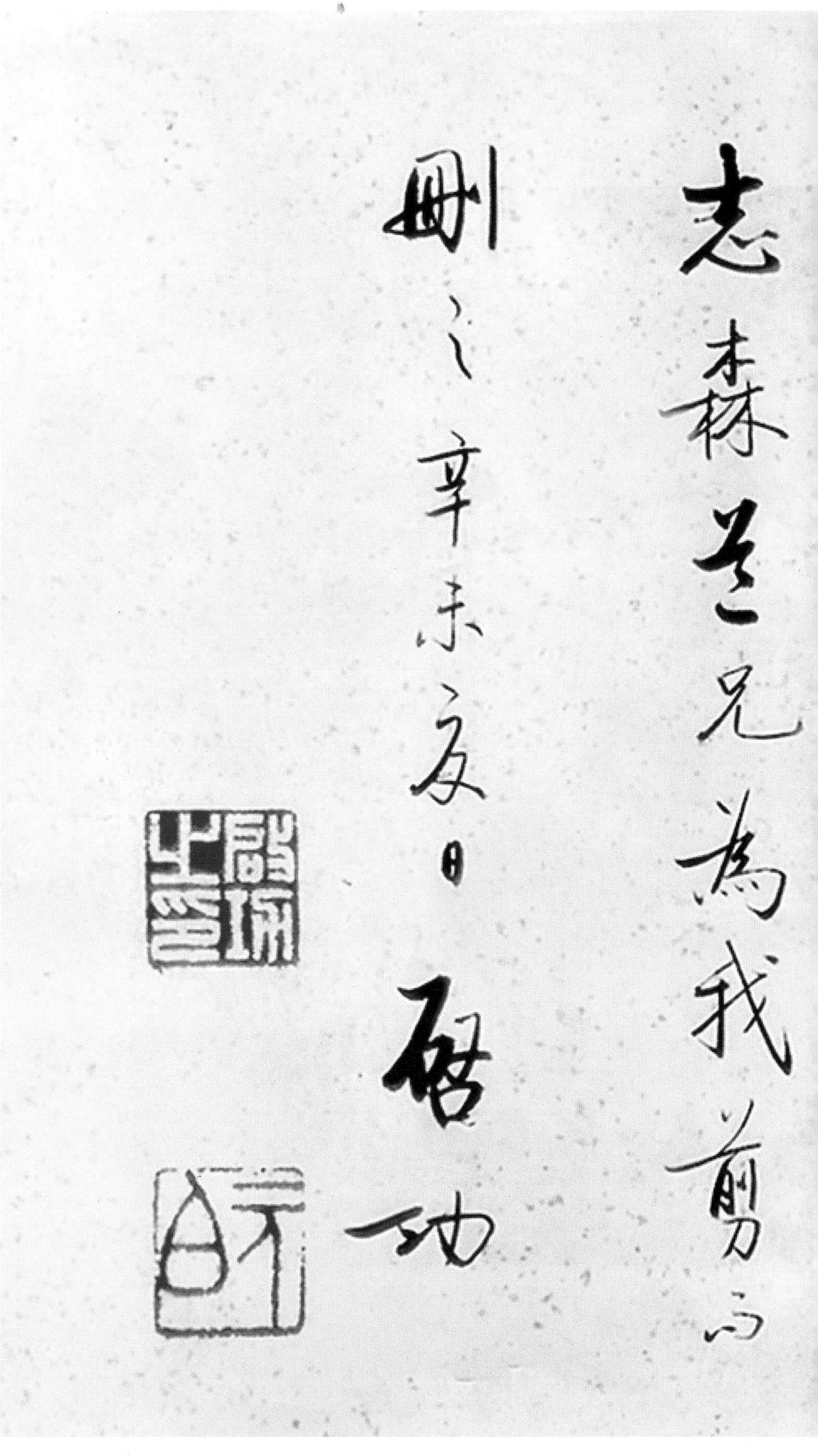
志森吾兄為我剪而
刪之 辛未夏日 啟功

長松髮椰子吼怪
石坐金剛禪莫
問枝頭消息道人
一指青天

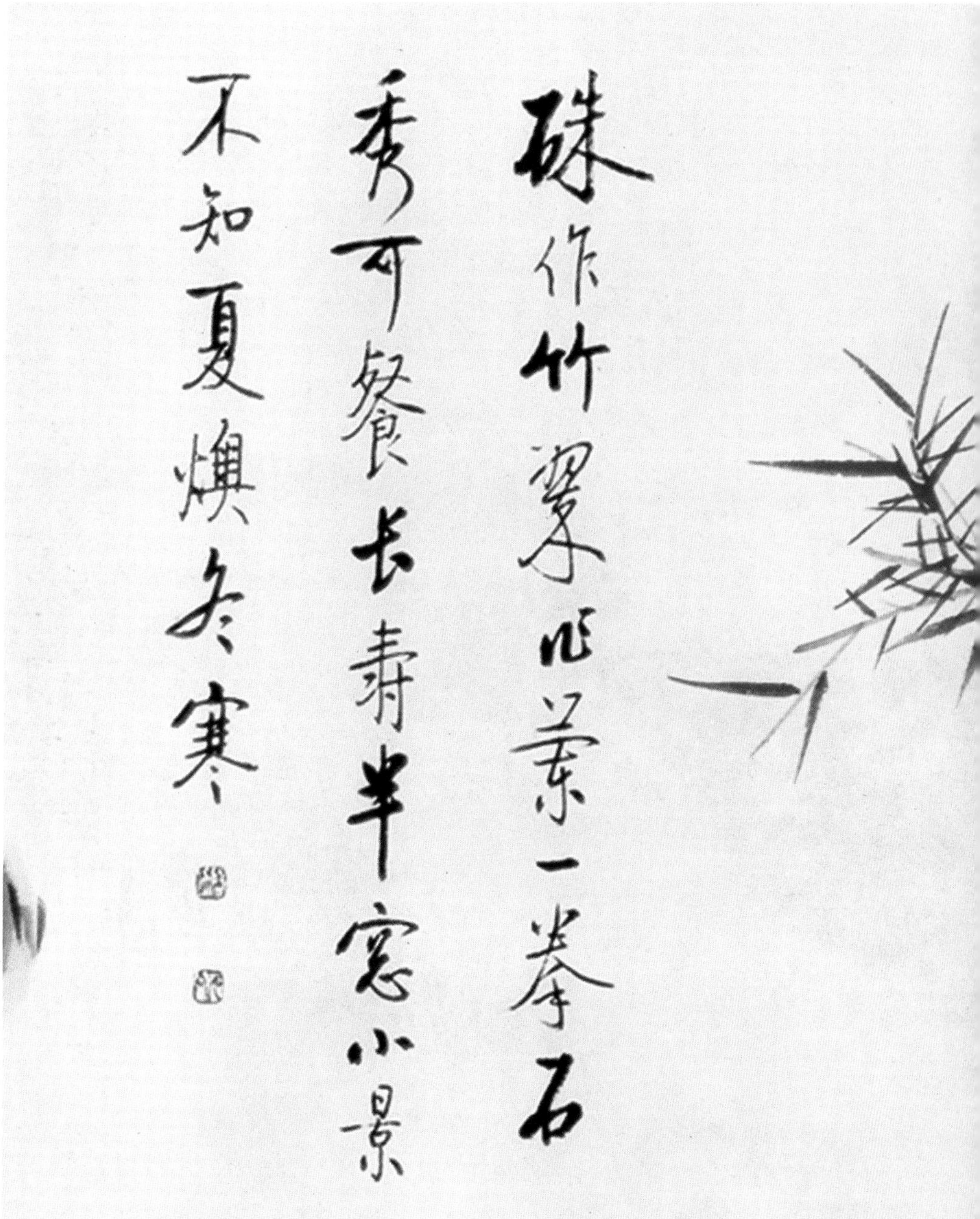
秀可餐长寿半窗小景
不知夏燠

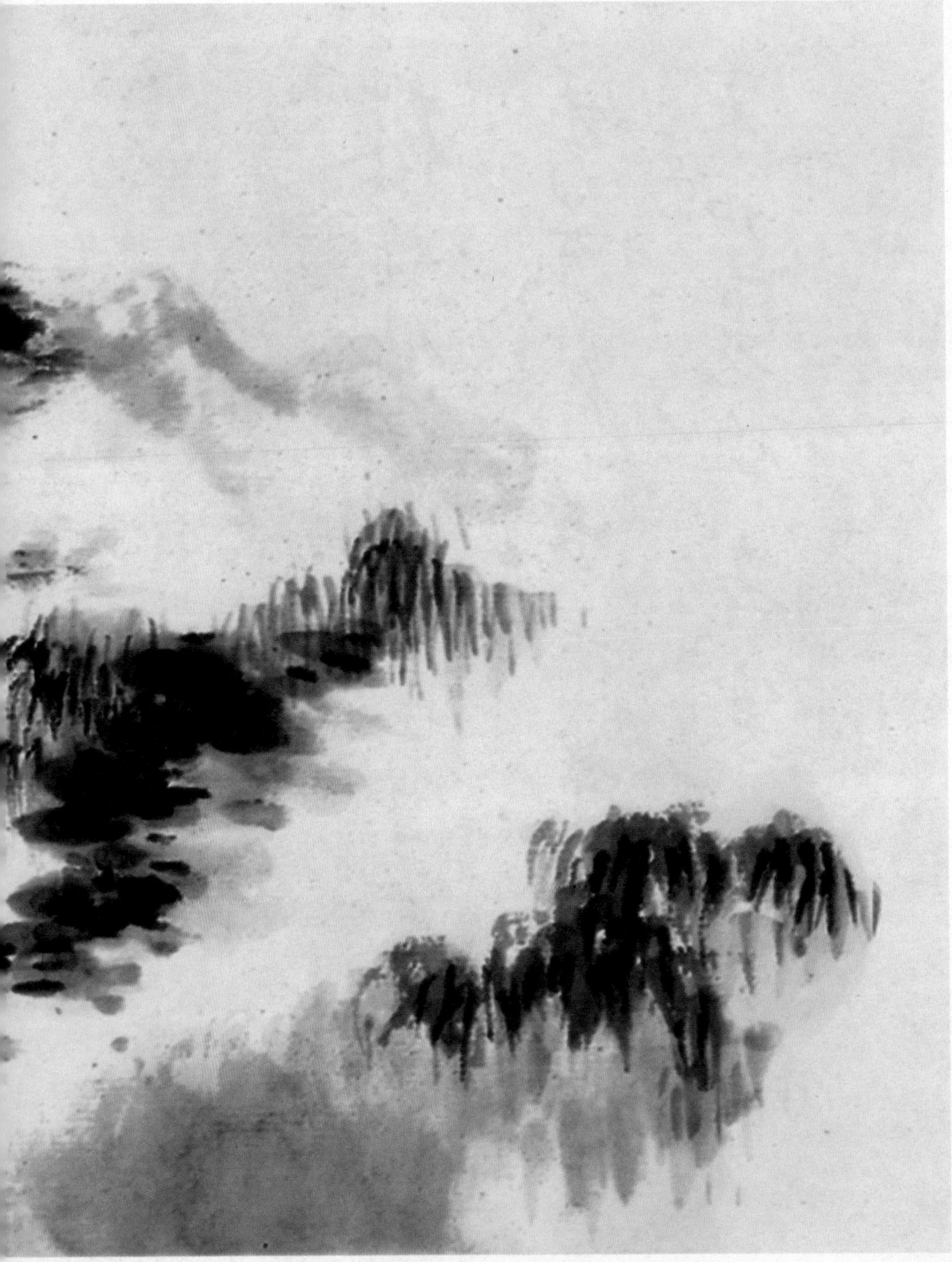

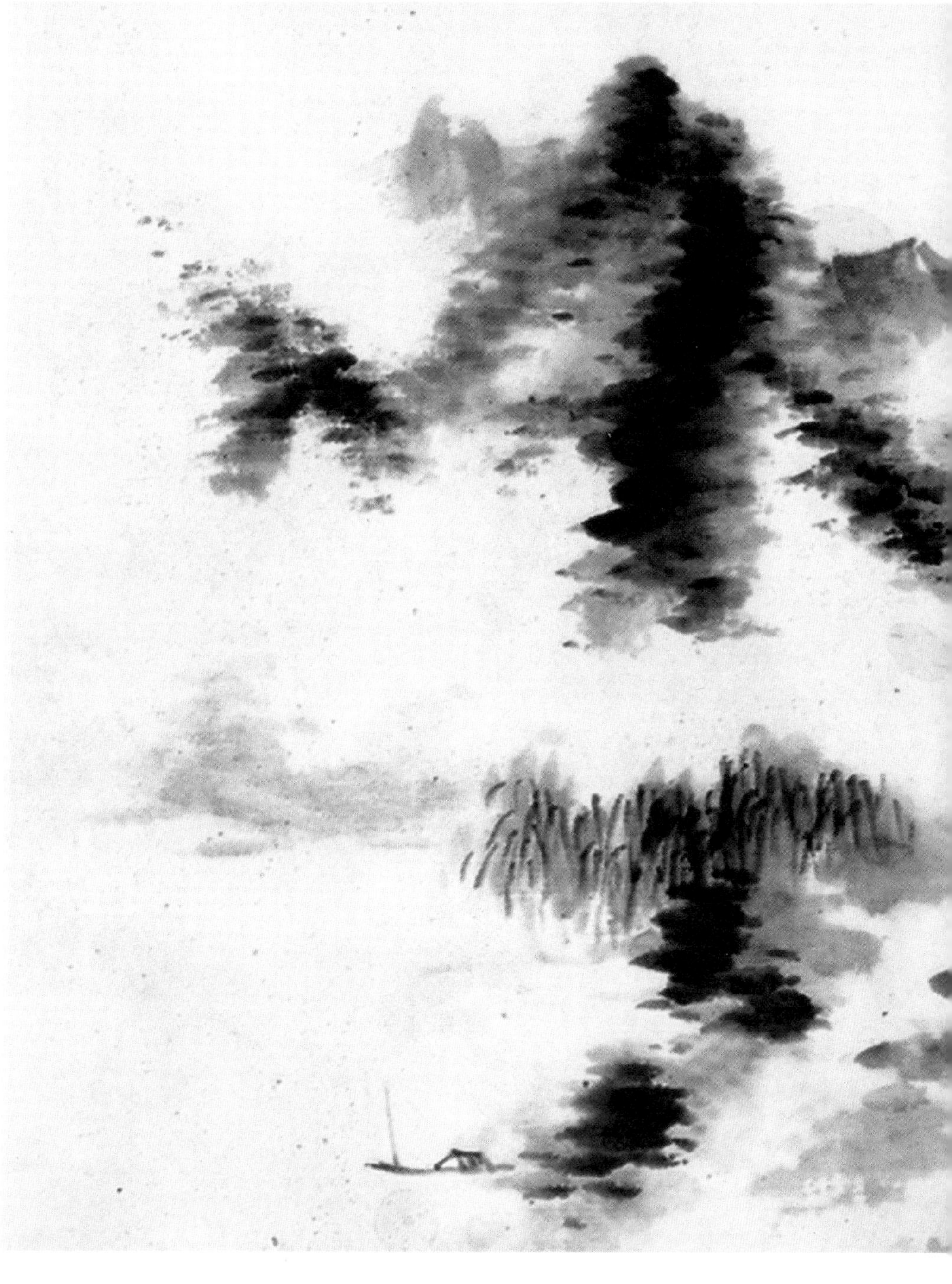

直筆抛紫四十八字

夷然往事付雲煙

徐光舟寫平波踏近瑰

遠青好放紅

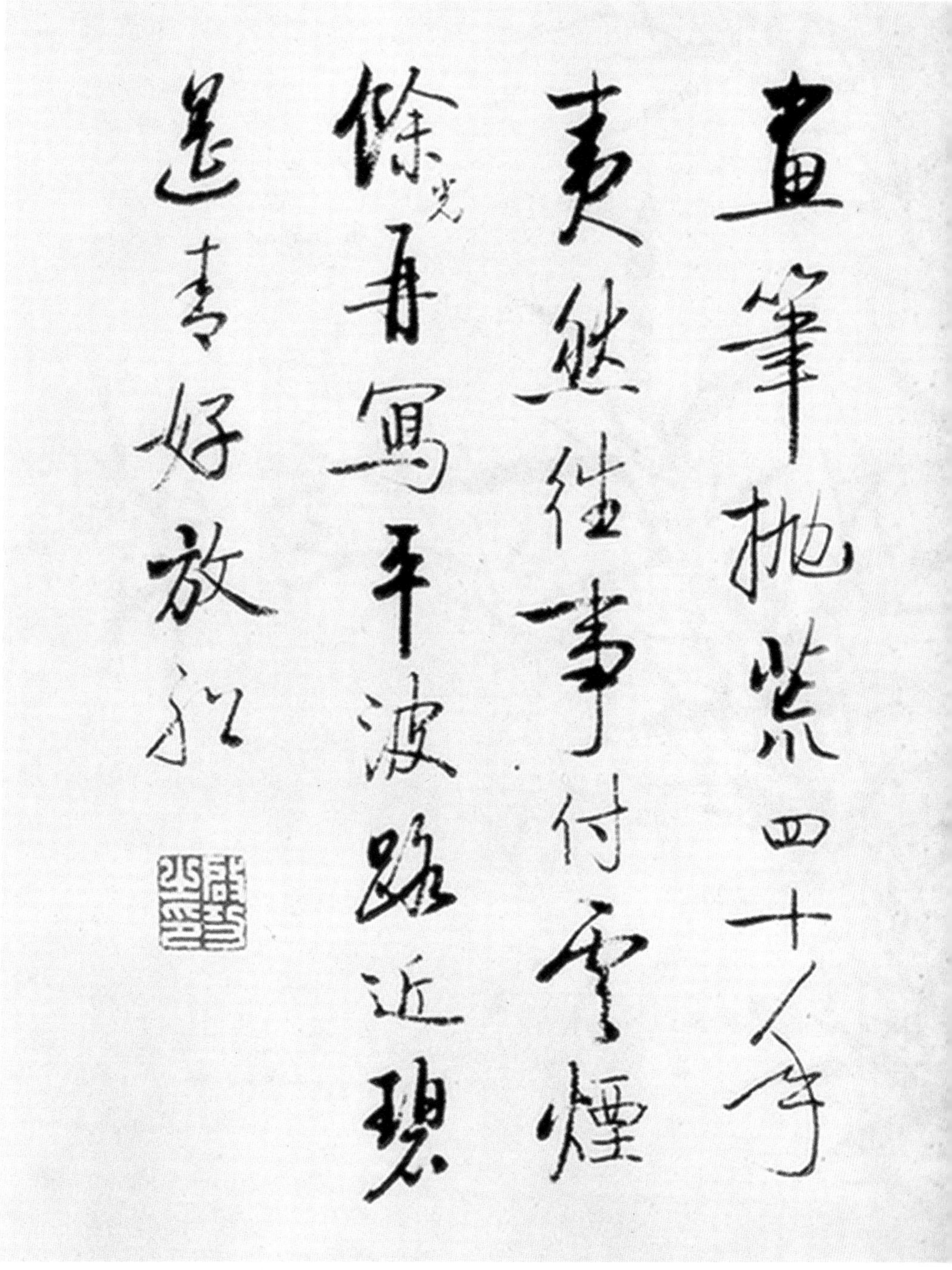

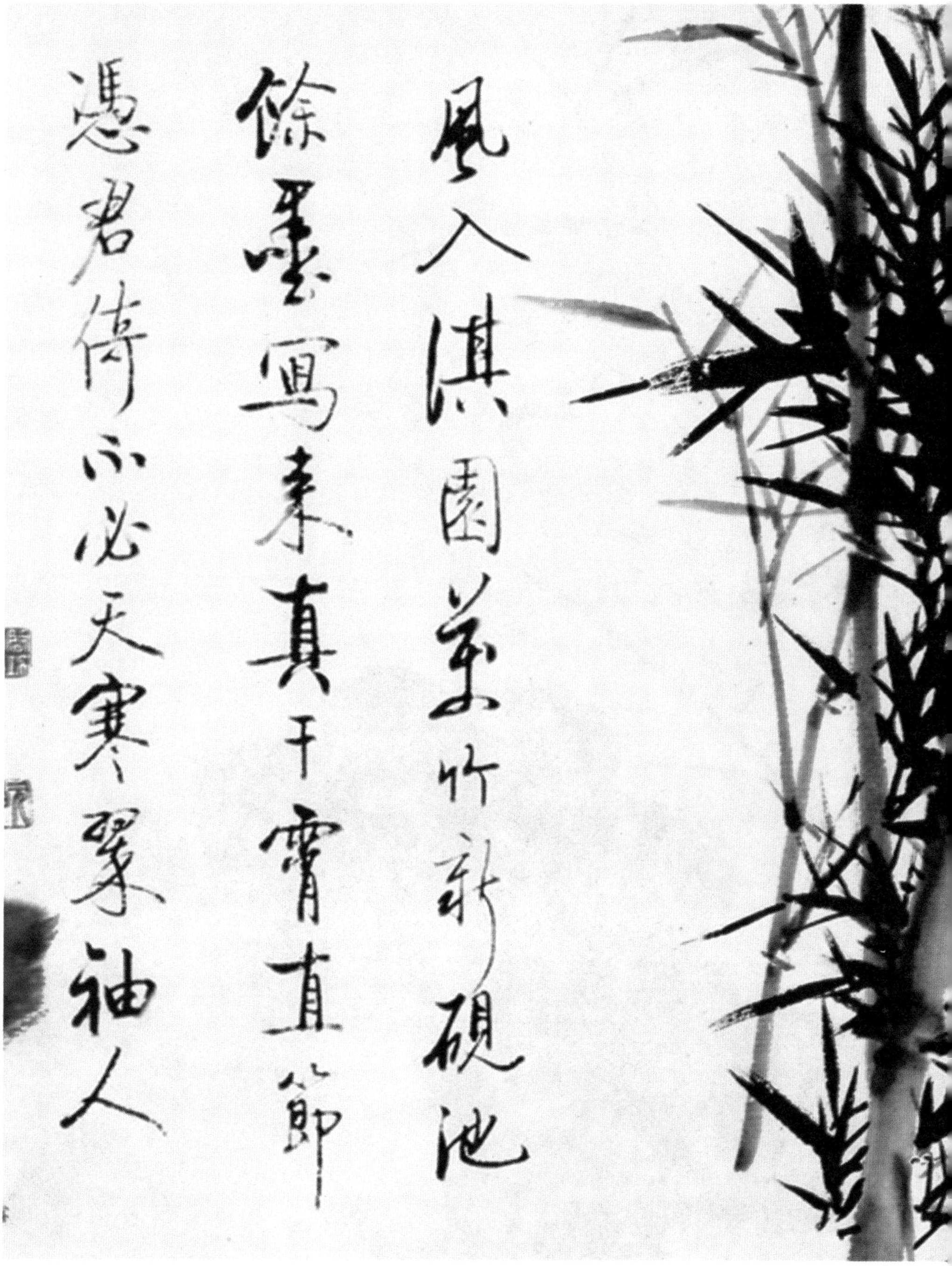
風入淇園萬竹新硯池
餘墨寫來真干霄直節
憑君傳不必天寒翠袖人

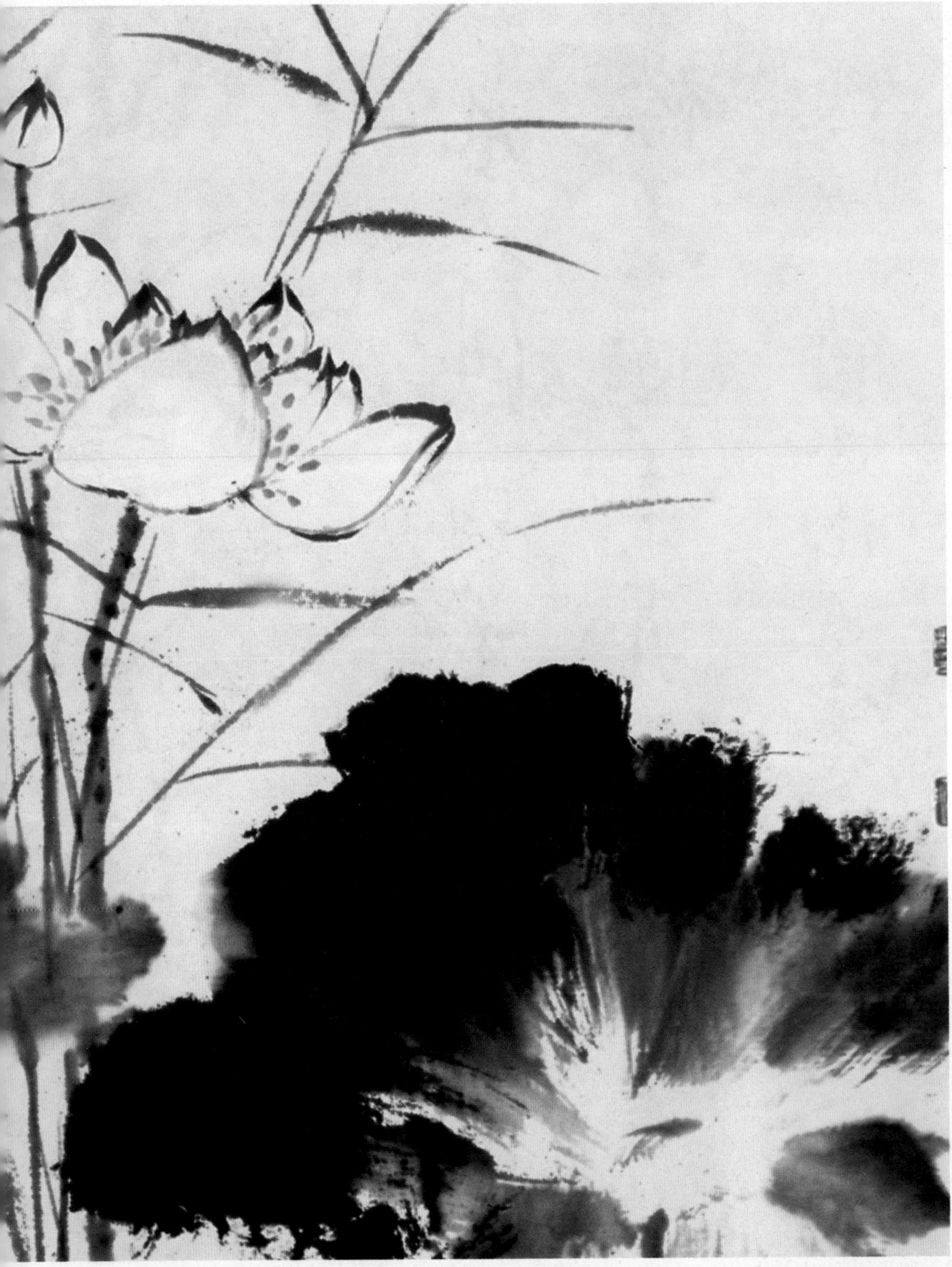

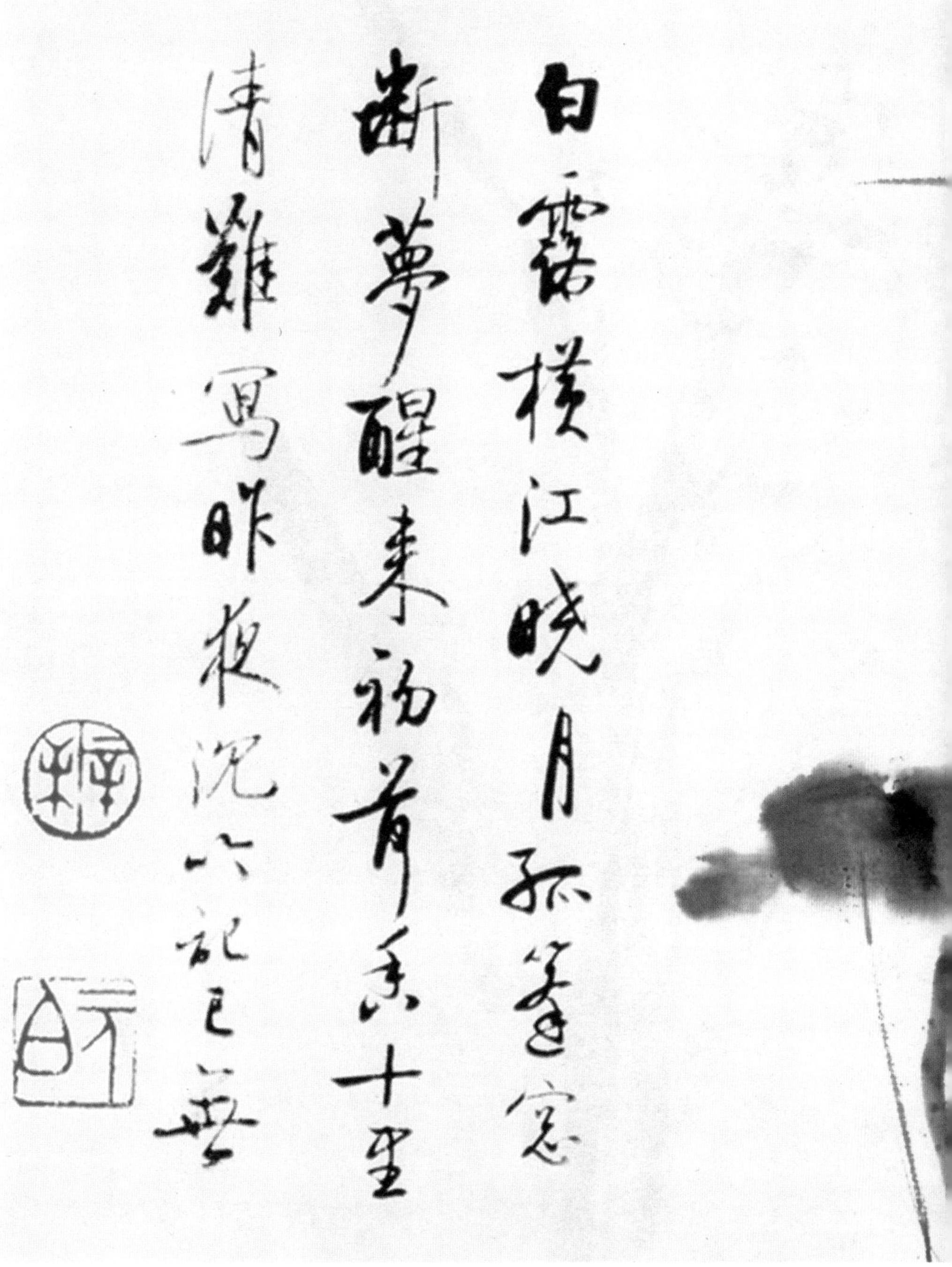
白露横江晓月孤篷窗
断梦醒来初
清難寫昨夜況

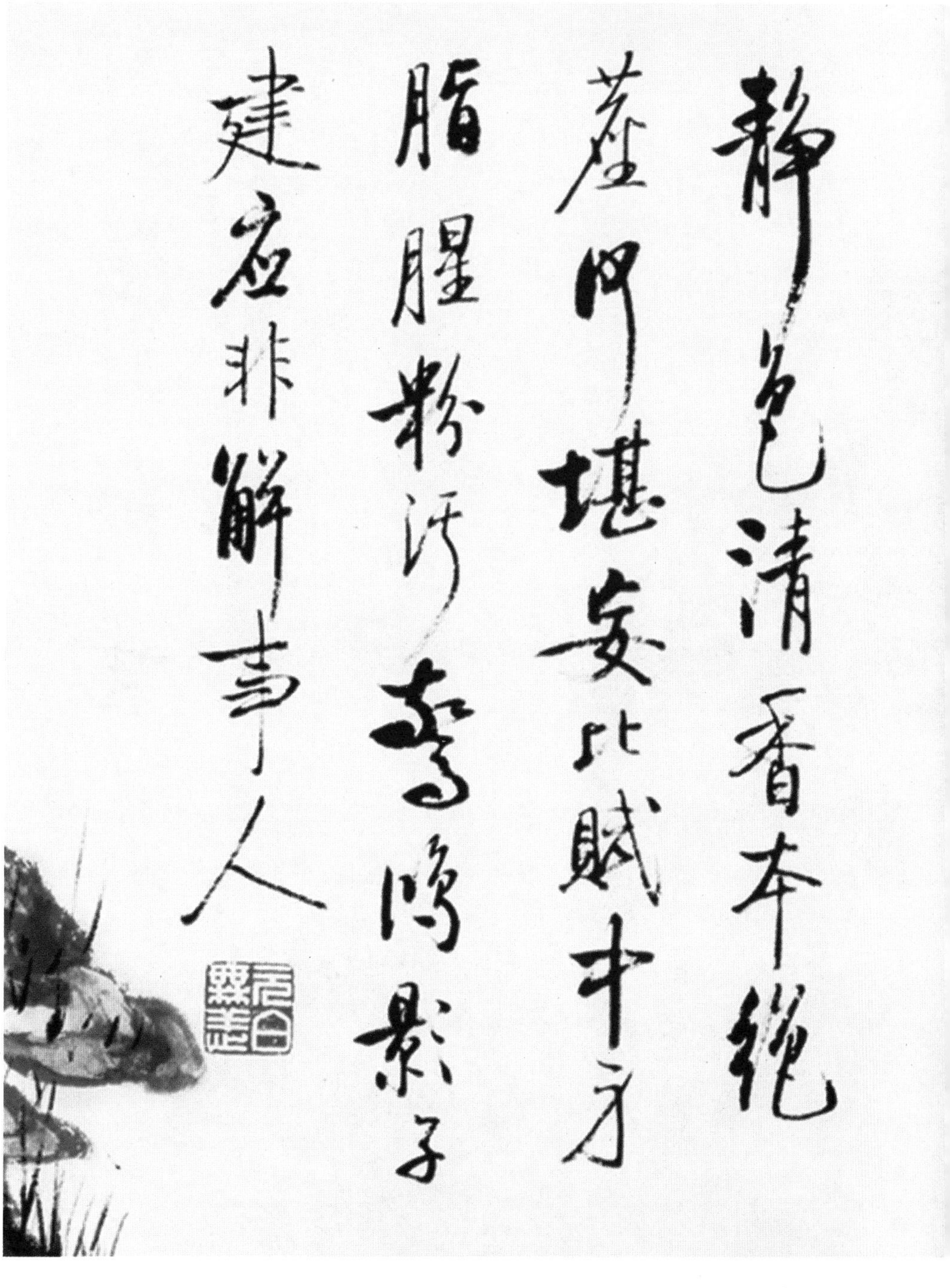
静色清香本绝
脂腥粉污惊鸿影子
建应非解事人

建安非解事人

石壽萱古芝榮千年畫作左

劵仙宜益肩

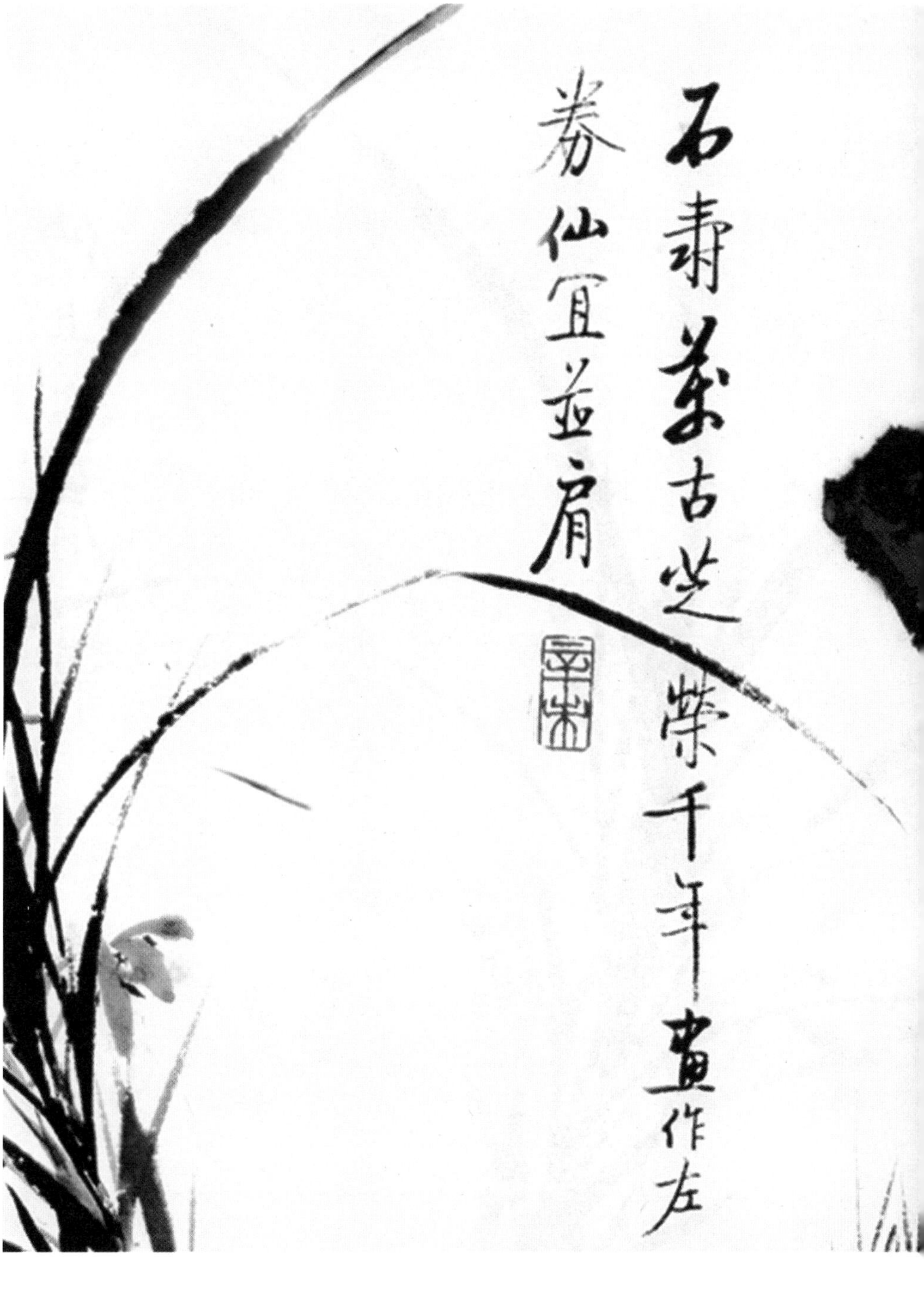

劵仙宜並肩

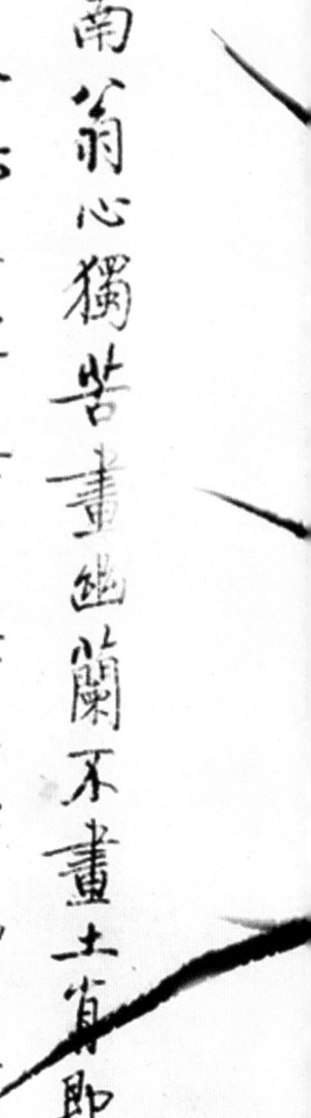

所南翁心獨苦畫幽蘭不畫土省即
應長思構寧無自悔誰實助了金安
出虎銀蒙古

公元一九九一年孟夏珠申啟功并題
時居燕寓之浮光掠影樓行年八十

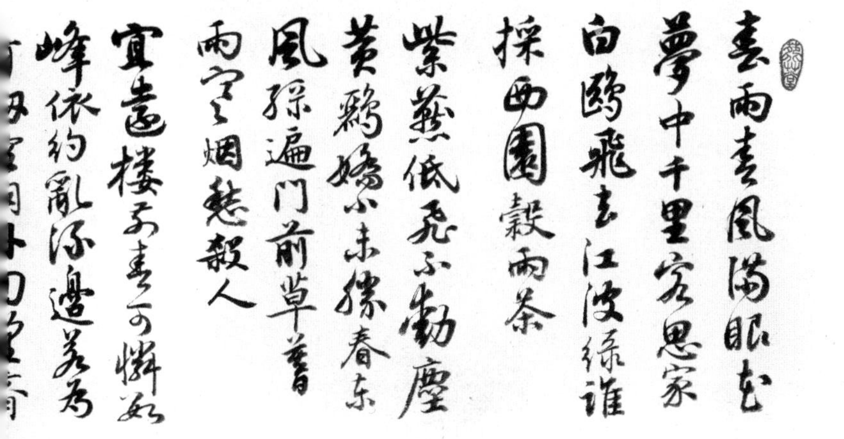

溪山春霁　一九四一年作　个人收藏

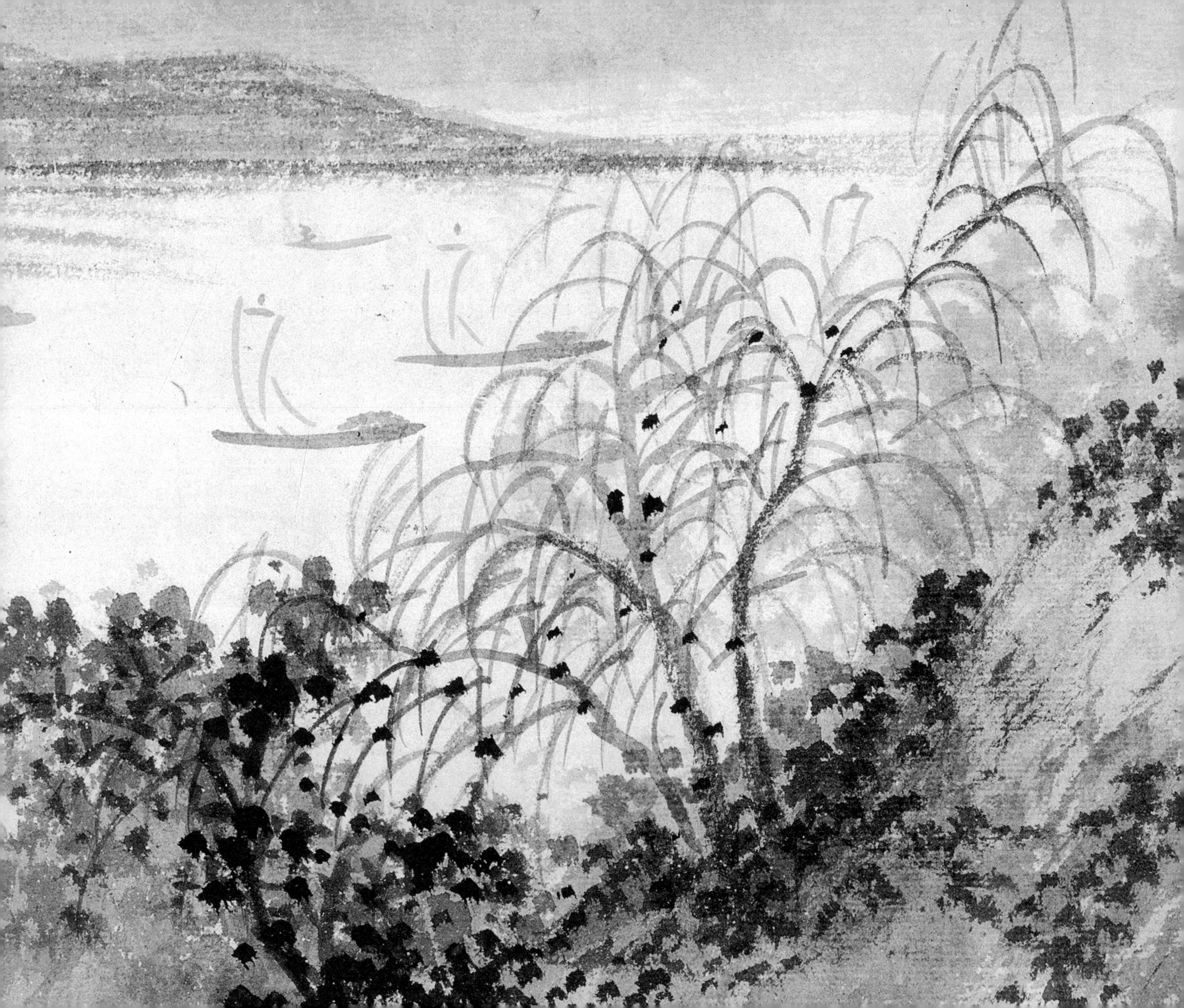

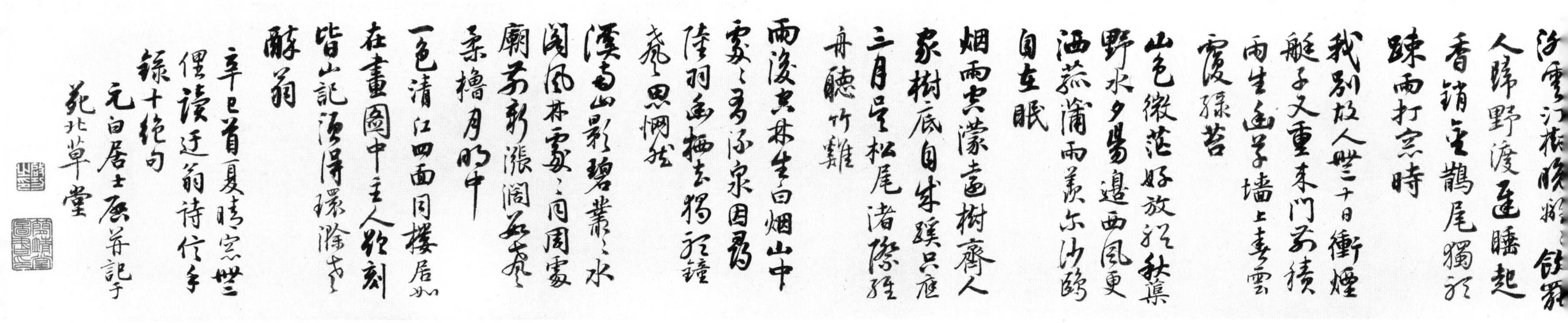

临张溪云真迹　一九四八年作　个人收藏

溪山春霁

溪山春霁

手卷　15.5cm × 236cm

一九四一年作　水墨纸本　个人收藏

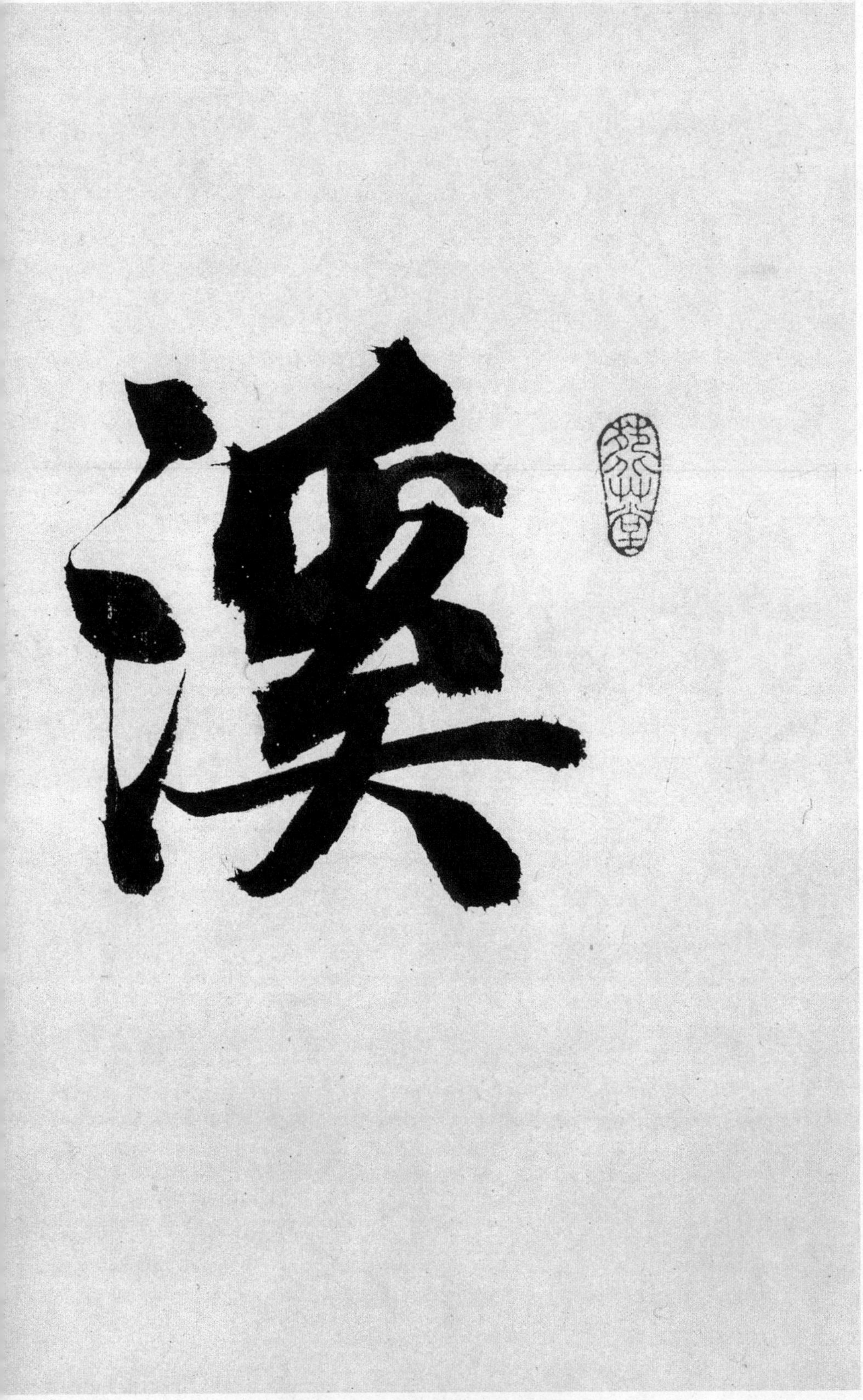
溪

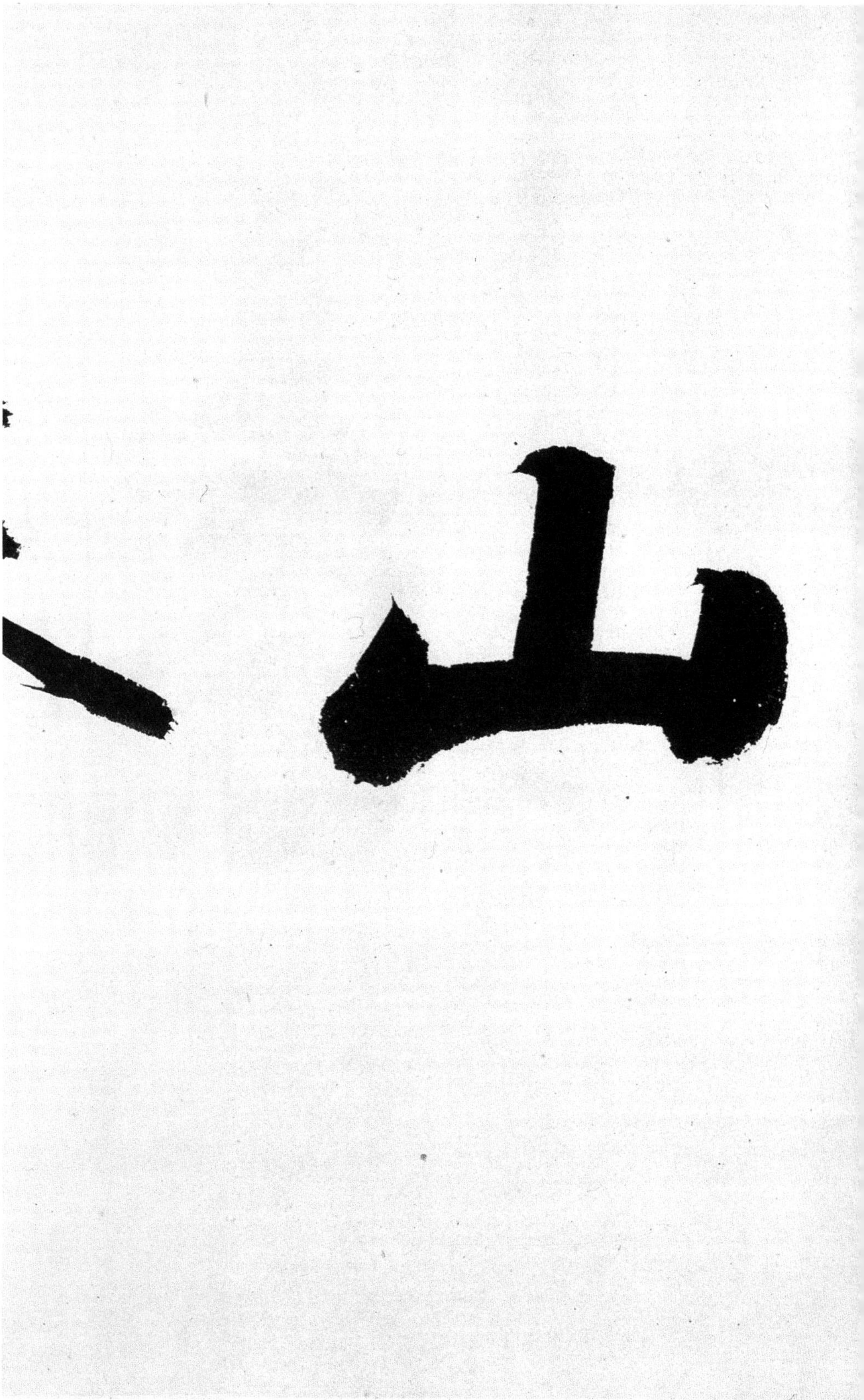
山

春

苑北題

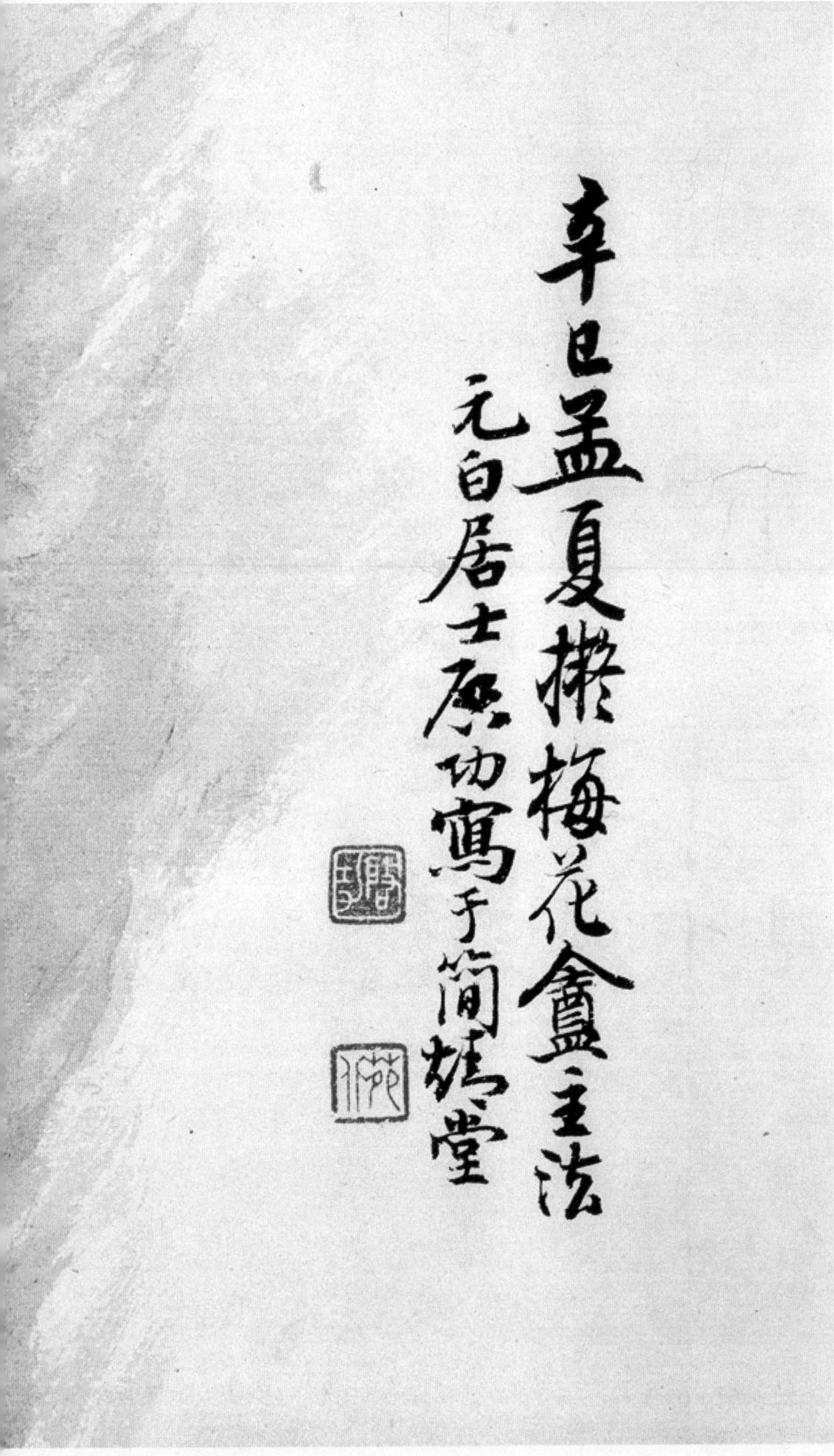
辛巳孟夏擬梅花盦主法
元白居士啟功寫于簡靖堂

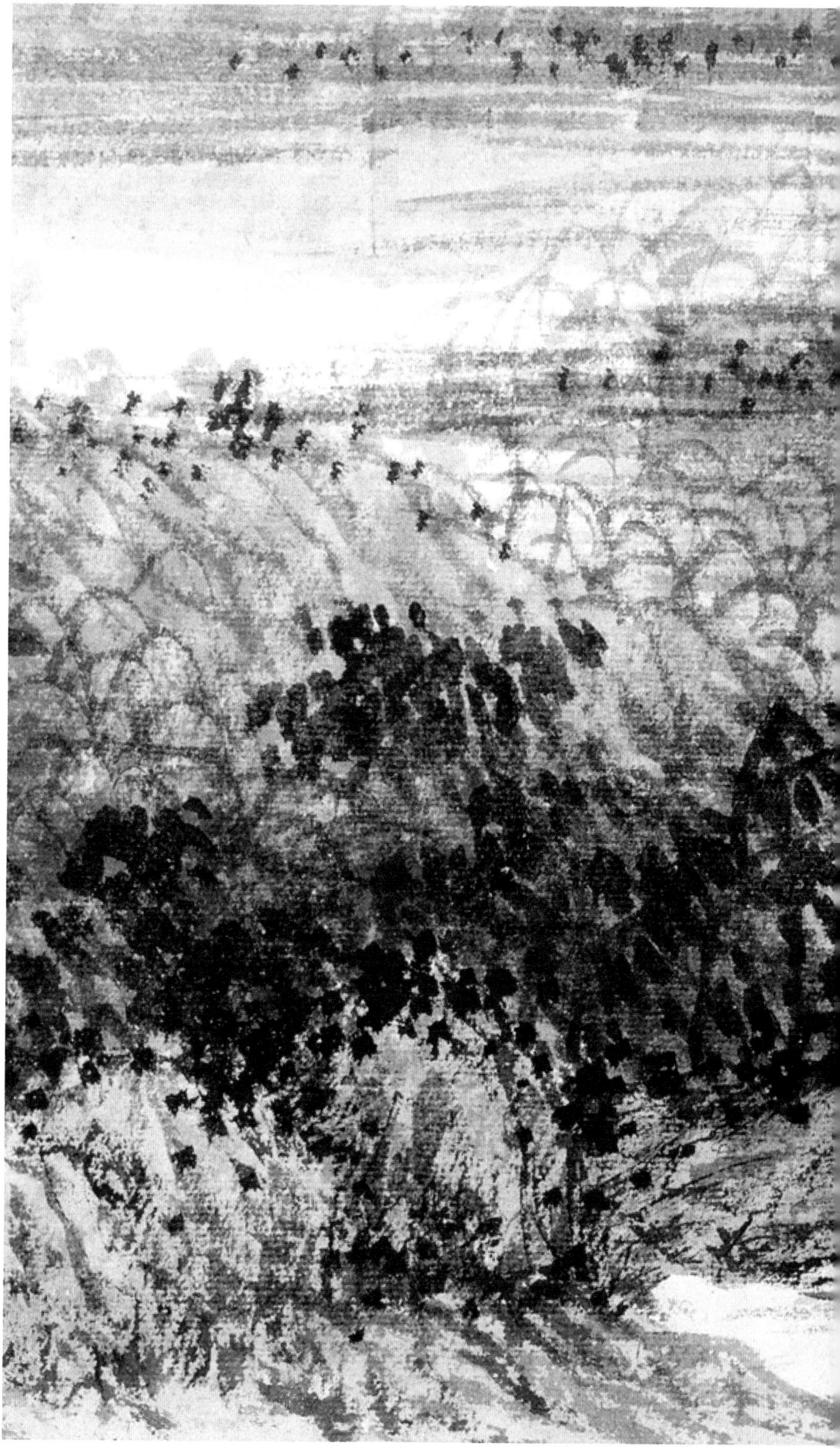

春雨春风满眼花
梦中千里客思家
白鸥飞去江波绿谁

採西園裊雨香

紫燕低飛不動塵

黄鸝嬌小未禁春東

風緑遍門前草著

雨窗烟愁杀人

宜画楼子画之可怜处

峰依约乱深边岩为

奇峭嶂岫外回望斋

好九點烟

湘雲汀樹晚離々欲罷

人歸野渡遲睡起

香銷金鴨尾獨行

疎雨打窗時
我別故人卌二十日衡煙
艇子又重來門巷積
雨生魚子畫上青雲

度猿落

山色微茫好放狂秋真

野水夕阳逼西风更

洒菰蒲雨兼羡尔沙鸥

自在眠
烟雨空濛畫樹齊人
家樹底自成蹊只庭
前呈江尾若絮生

舟聽竹雞

雨後真堪生白烟山中

霧々為湯泉因為

陸羽遙棲去獨聽鐘

飛思惘然

溪南山影碧叢叢水

閣風林雲家同周雲

朝子新張閣雲飛

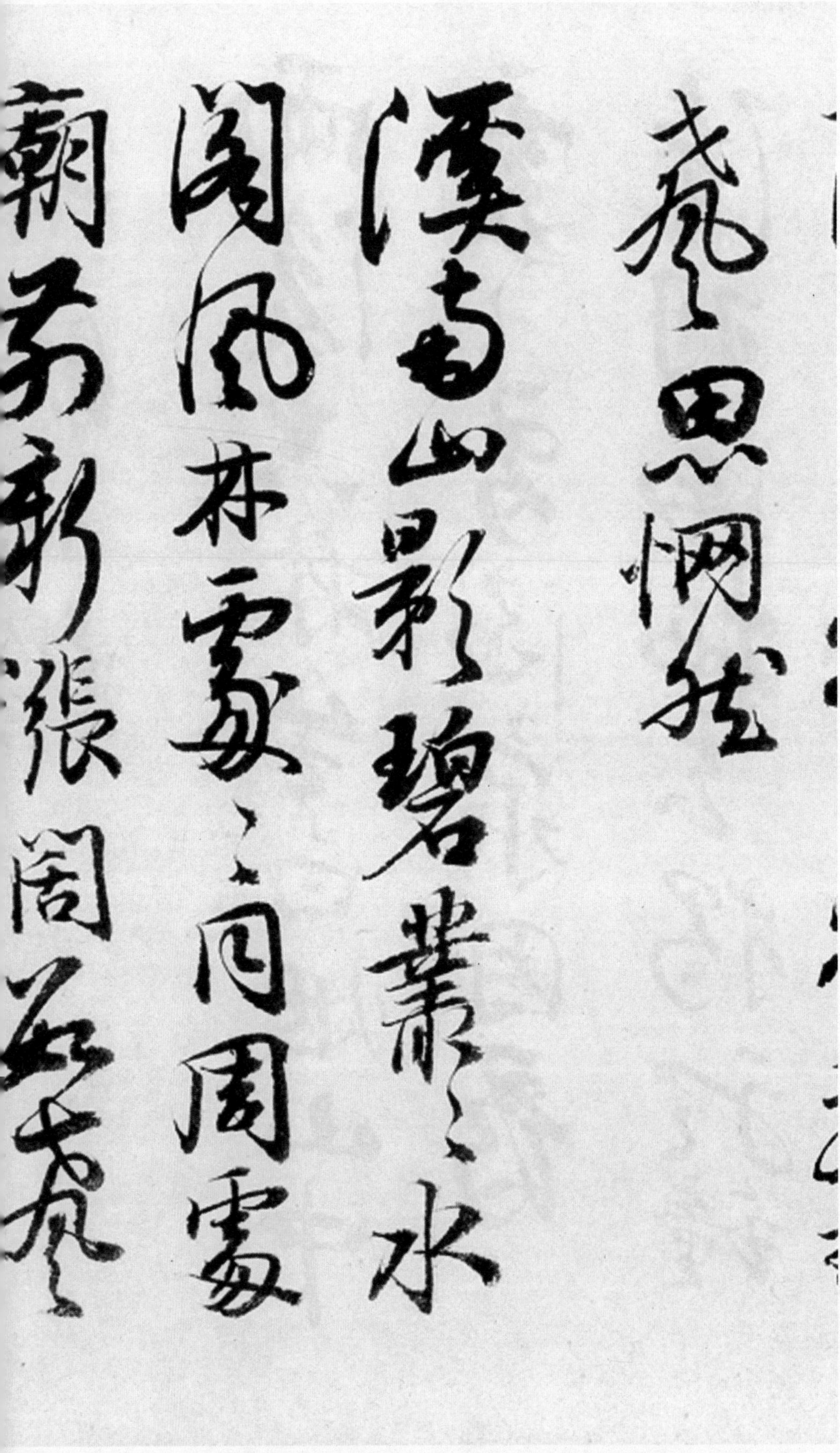

舒檐存明中

一色清江四面同樓居如

在畫圖中主人題刻

皆山記須得環滁也

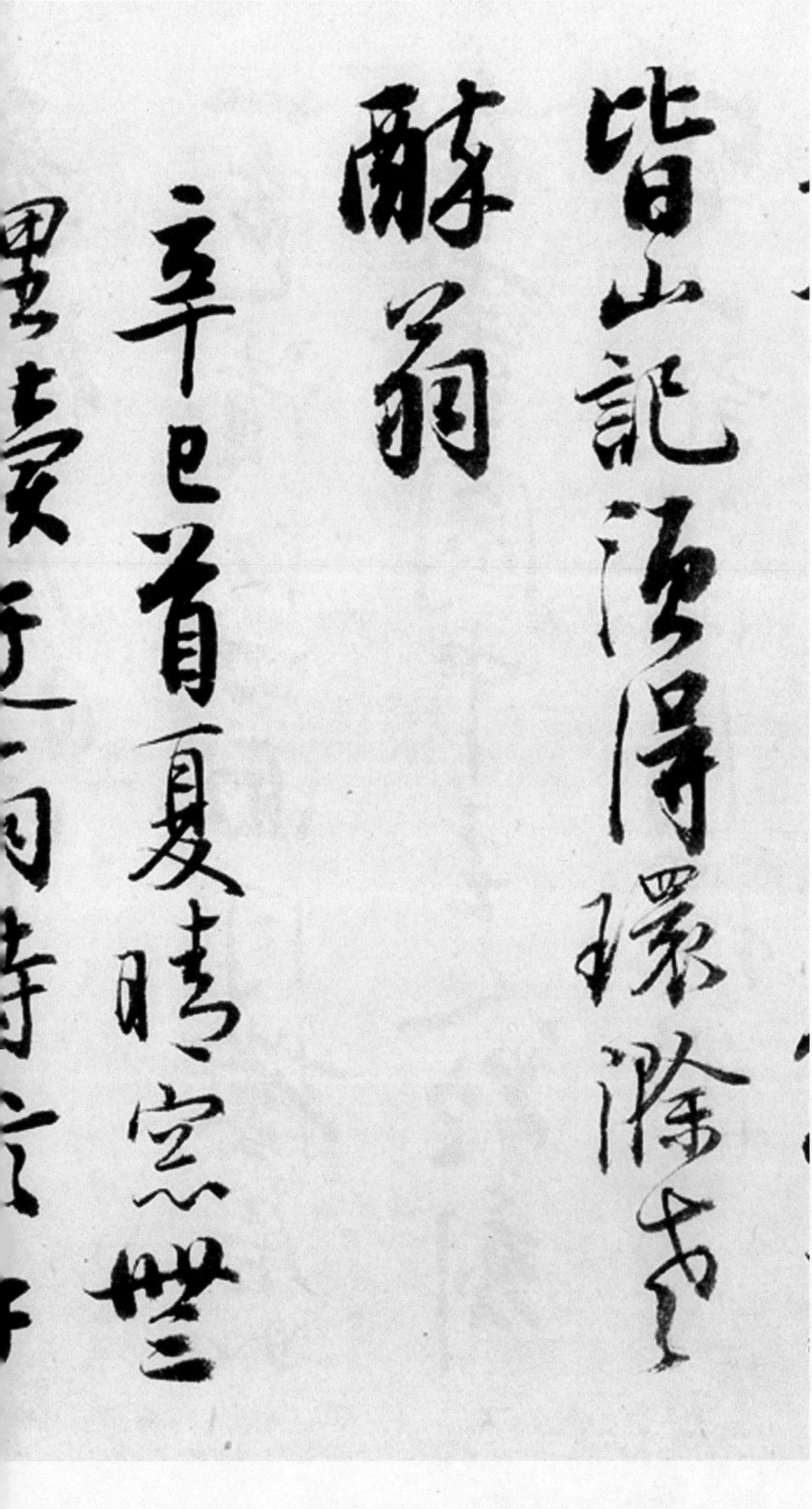
皆山記
醉翁
辛巳首夏晴窗

錄十絶句

元白居士启并記于

苑北草堂

临张溪云真迹

临张溪云真迹

手卷　44cm × 684cm

一九四八年作　水墨纸本　个人收藏

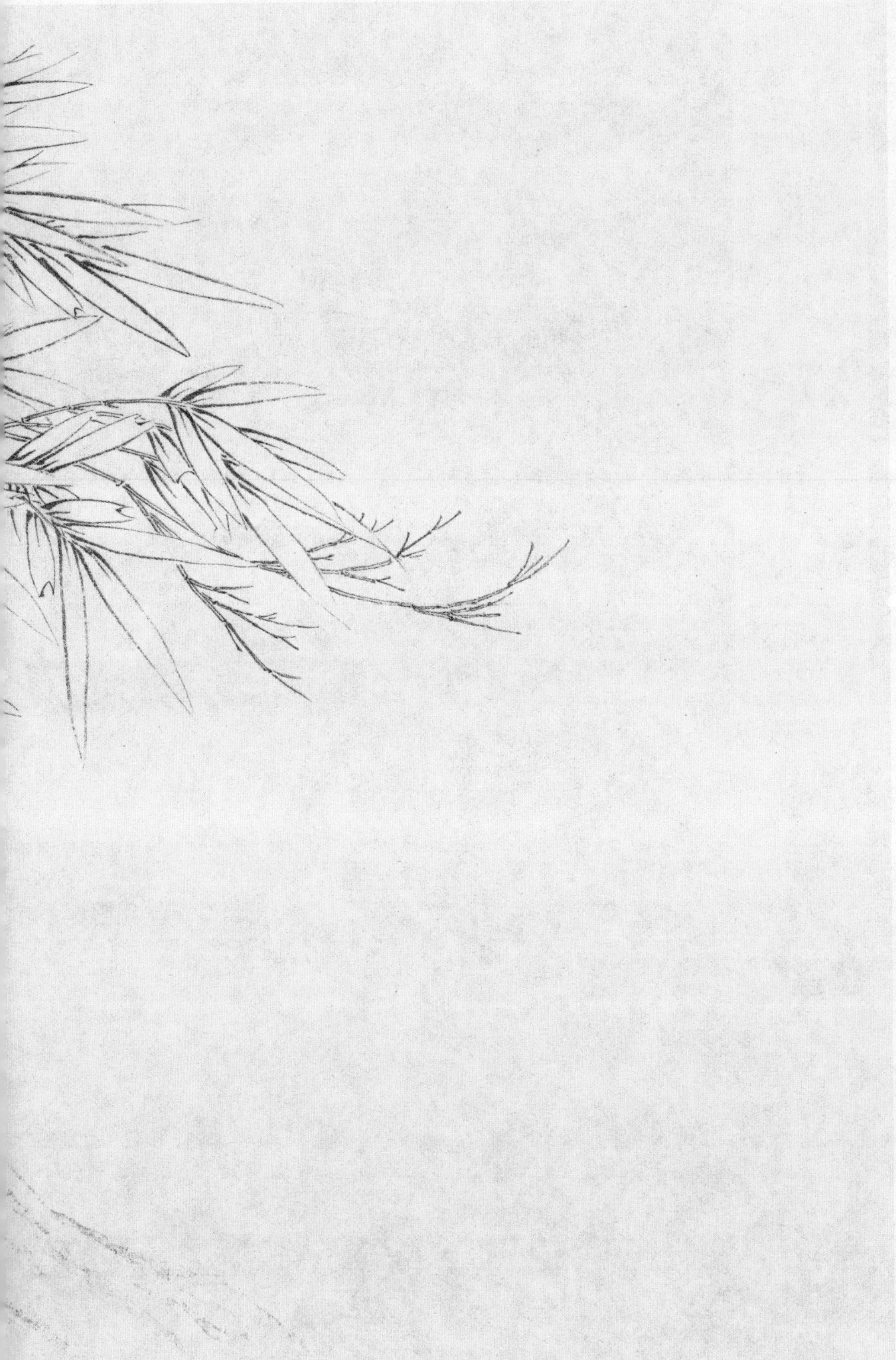

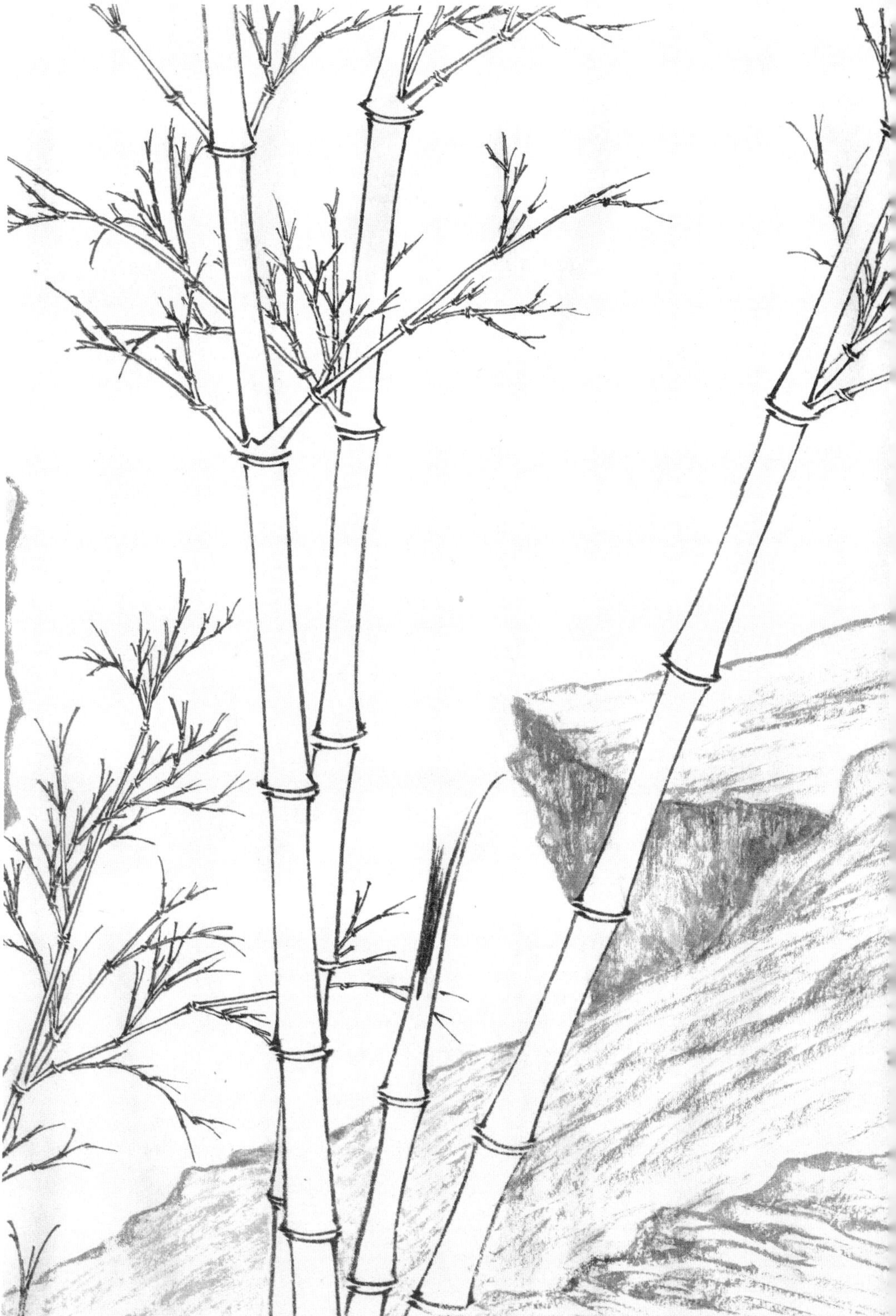

元張溪雲真迹 戊子八月 元白居士啓功題

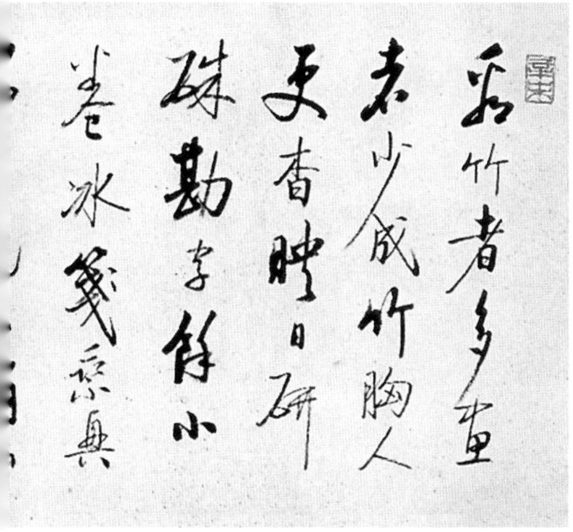

松圆诗意图卷　一九四〇年作　个人收藏

为大山先生题朱竹　一九九一年作　个人收藏

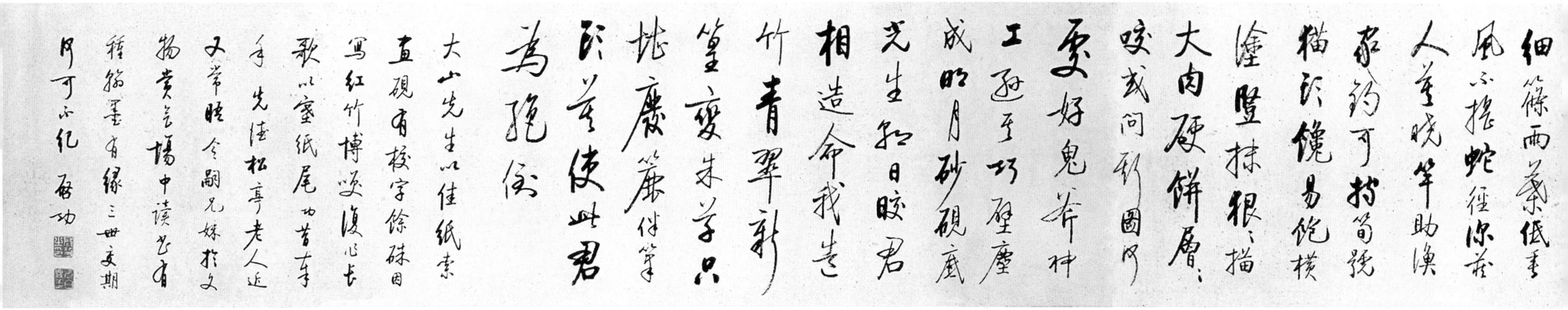

为大山先生题朱竹

为大山先生题朱竹

手卷 27cm×360cm

一九九一年作 朱砂纸本 个人收藏

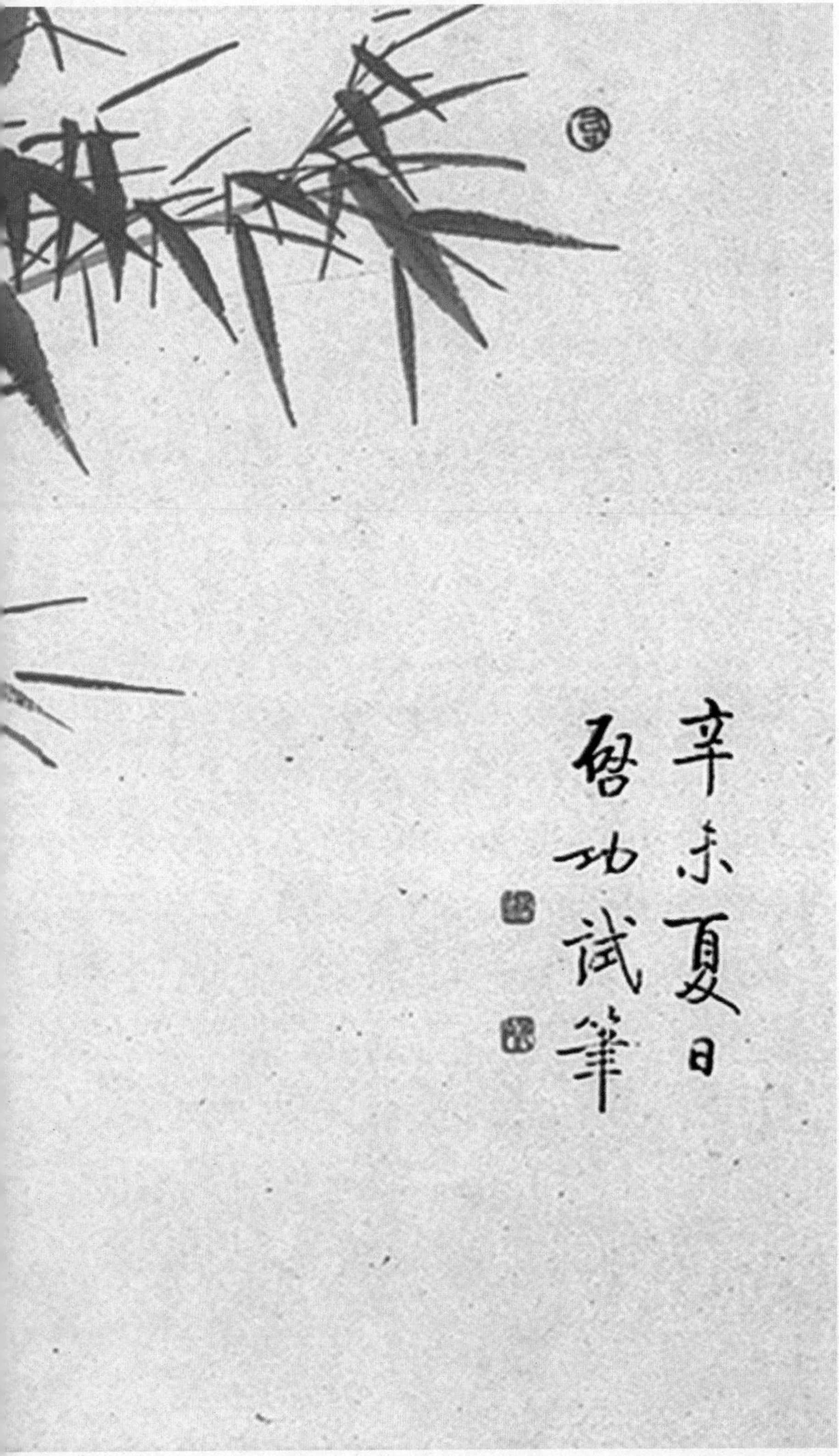
辛未夏日
啓功試筆

213

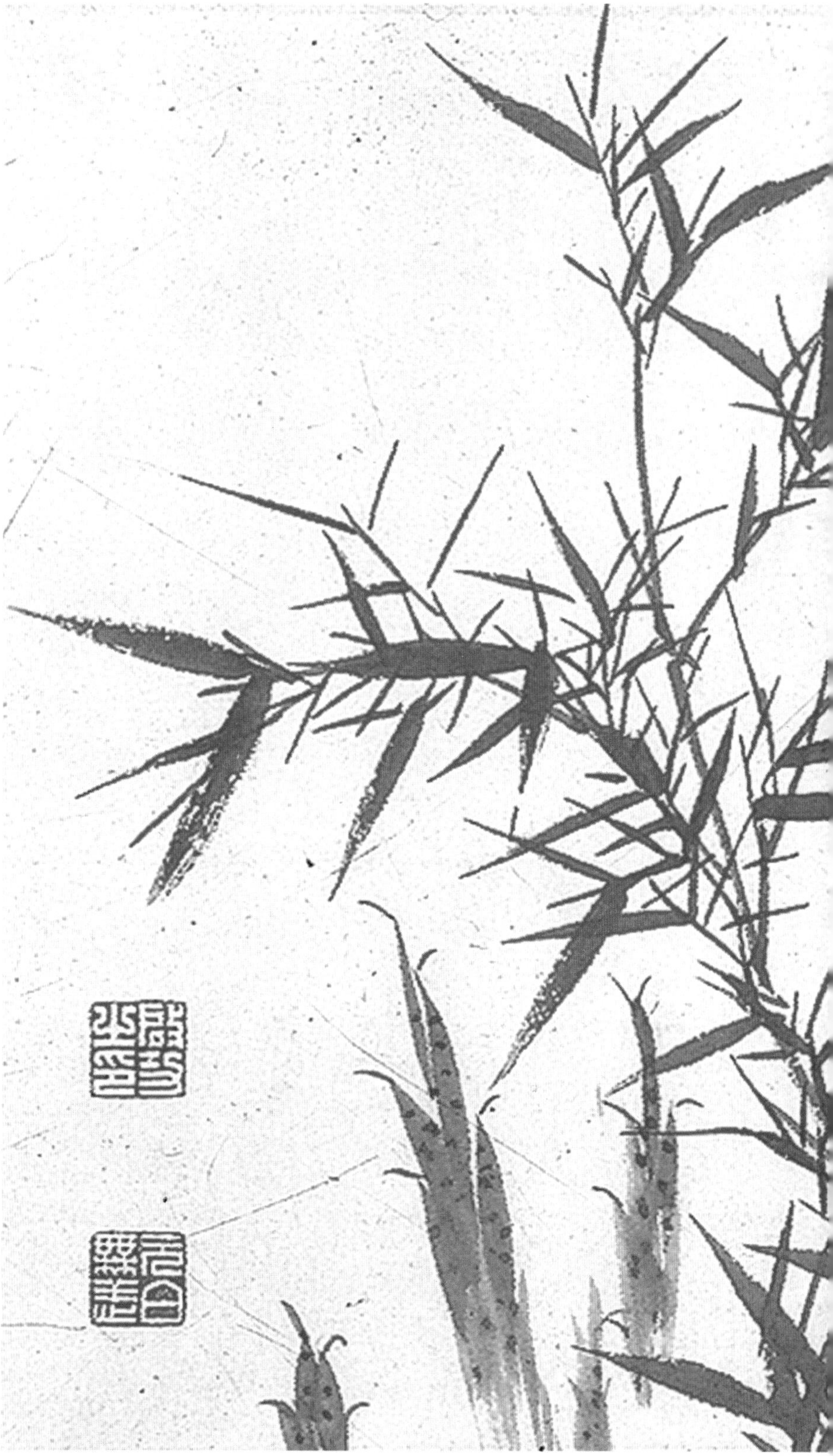

画竹者多重

去少成竹在胸人

更香映日研

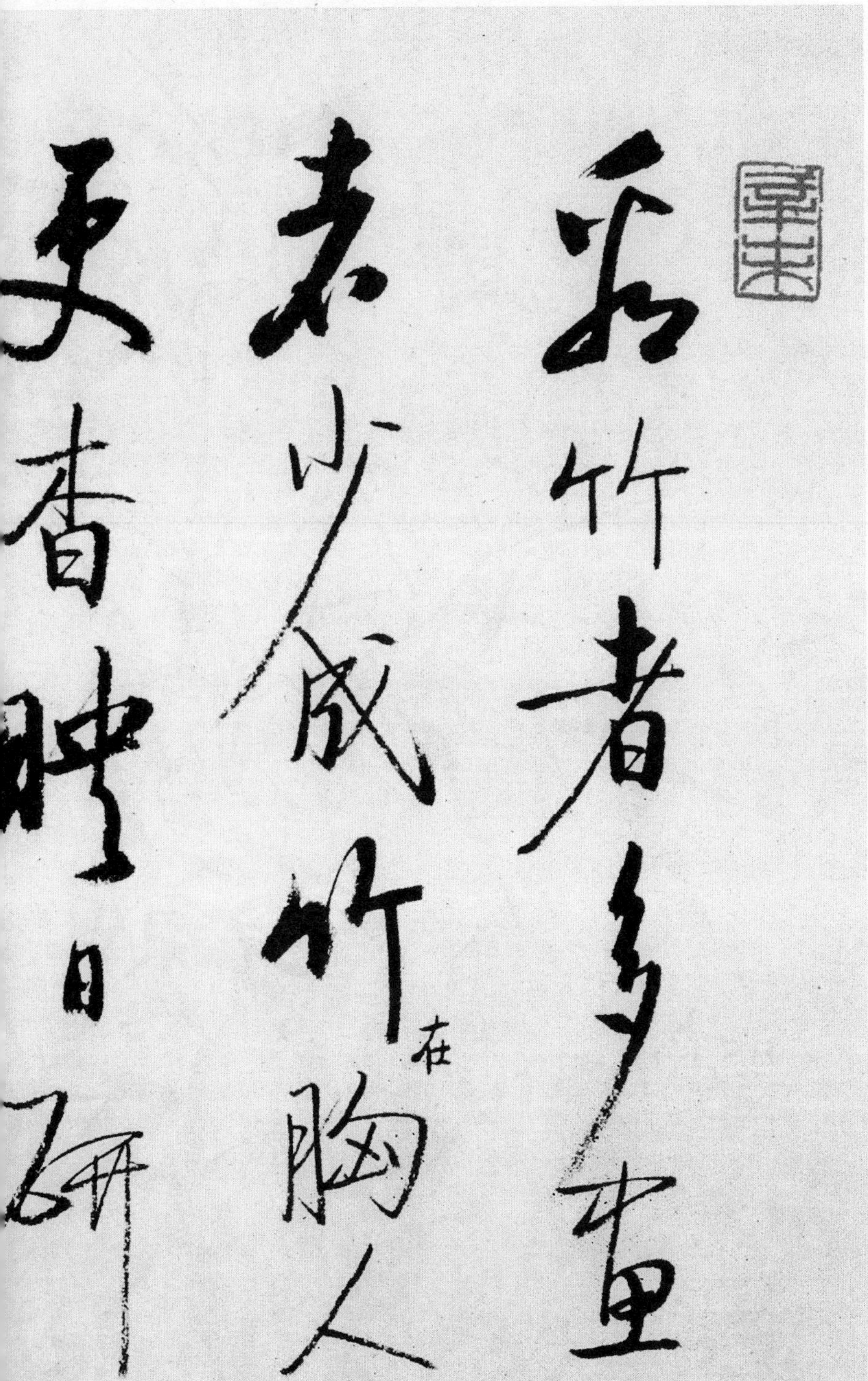

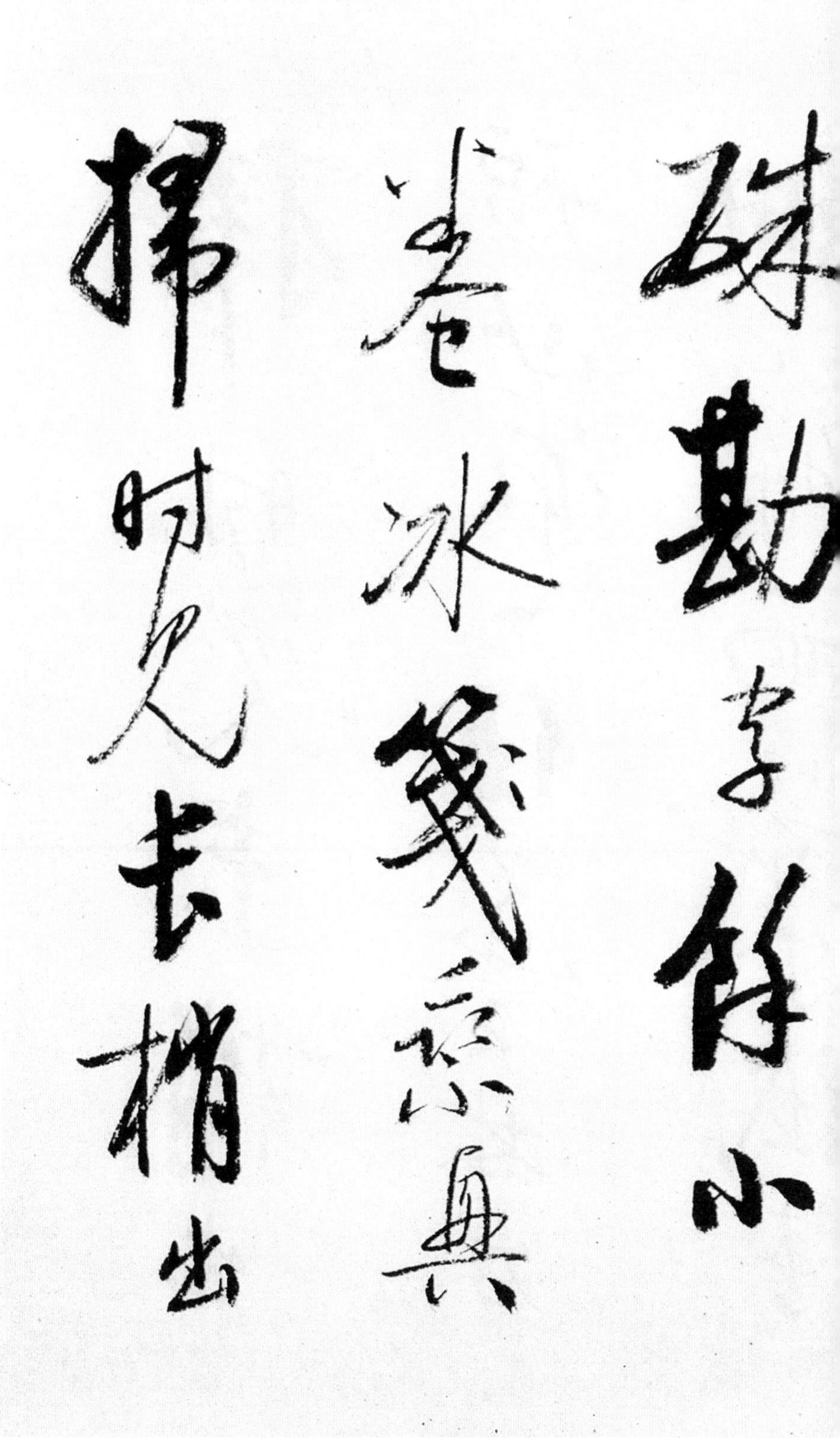
研勘学做小
卷冰笺亦無
掃时人去楷出

扫时见人长梢出

短篷一任雪林容

细筱雨筡低垂

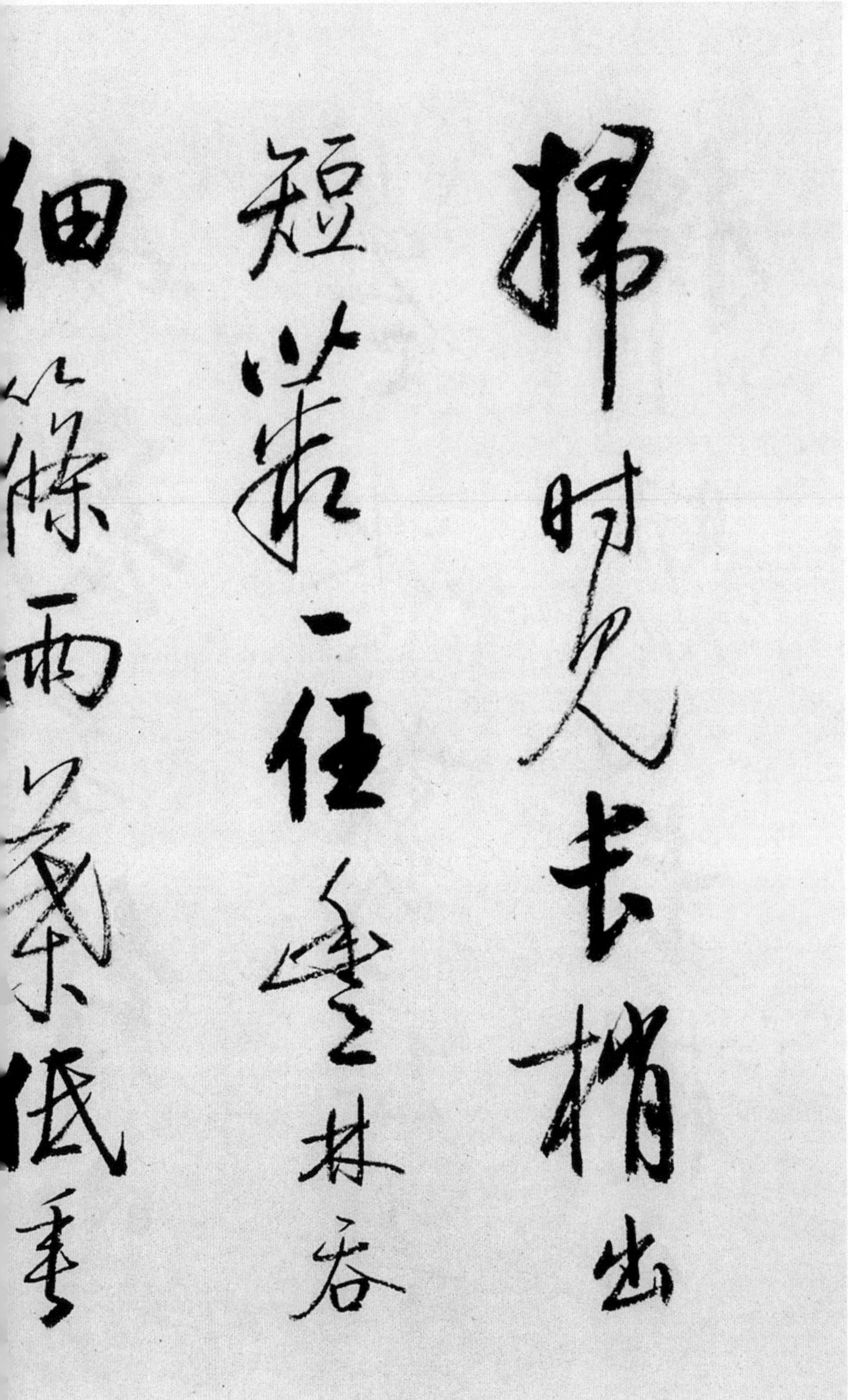

風不搖蛇徑涼荖

人荸曉竿助漁

家釣可拂筍籟

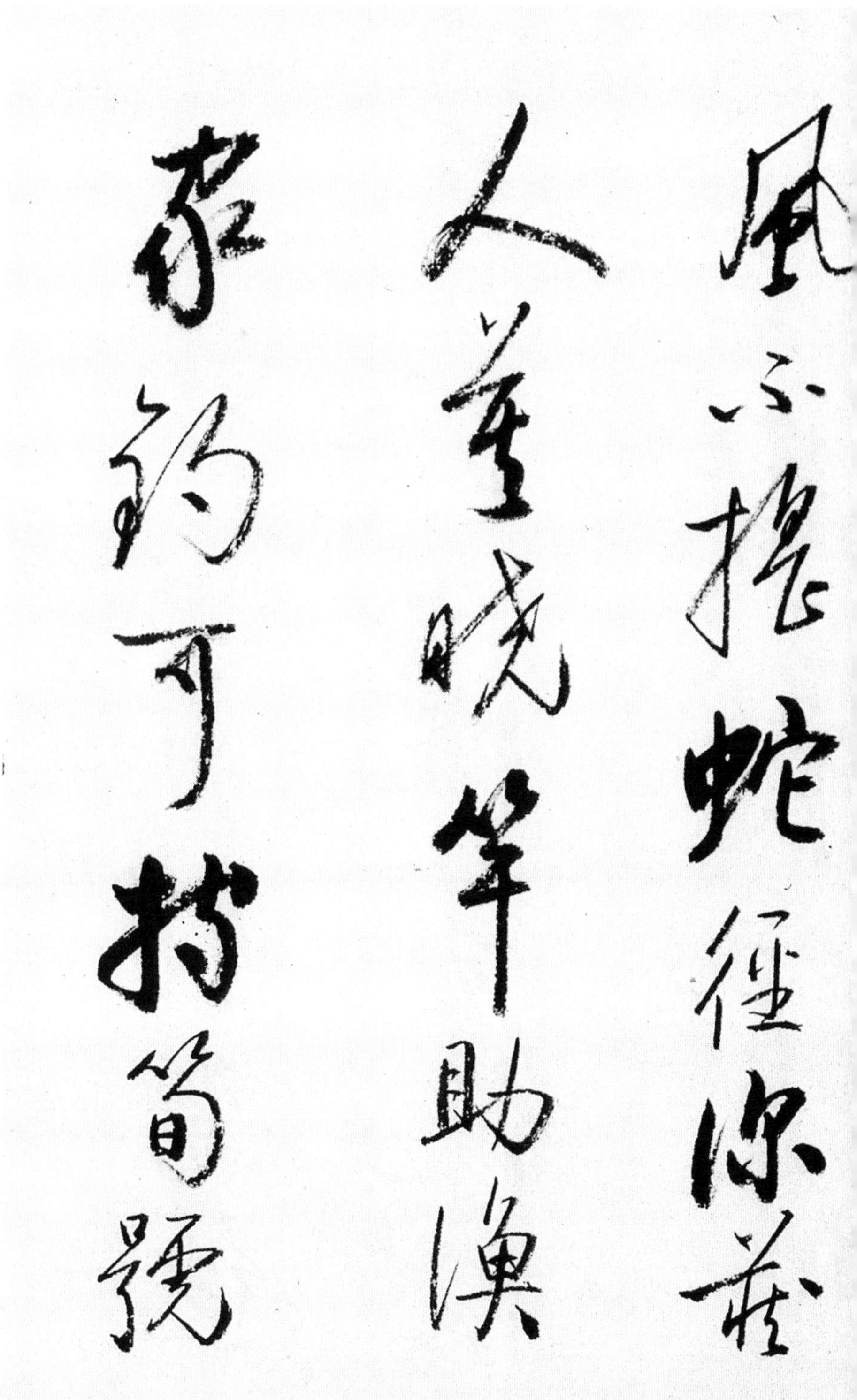

家豹可托筍彊

猫砭傀易饱横

鎏暨抹狠、描

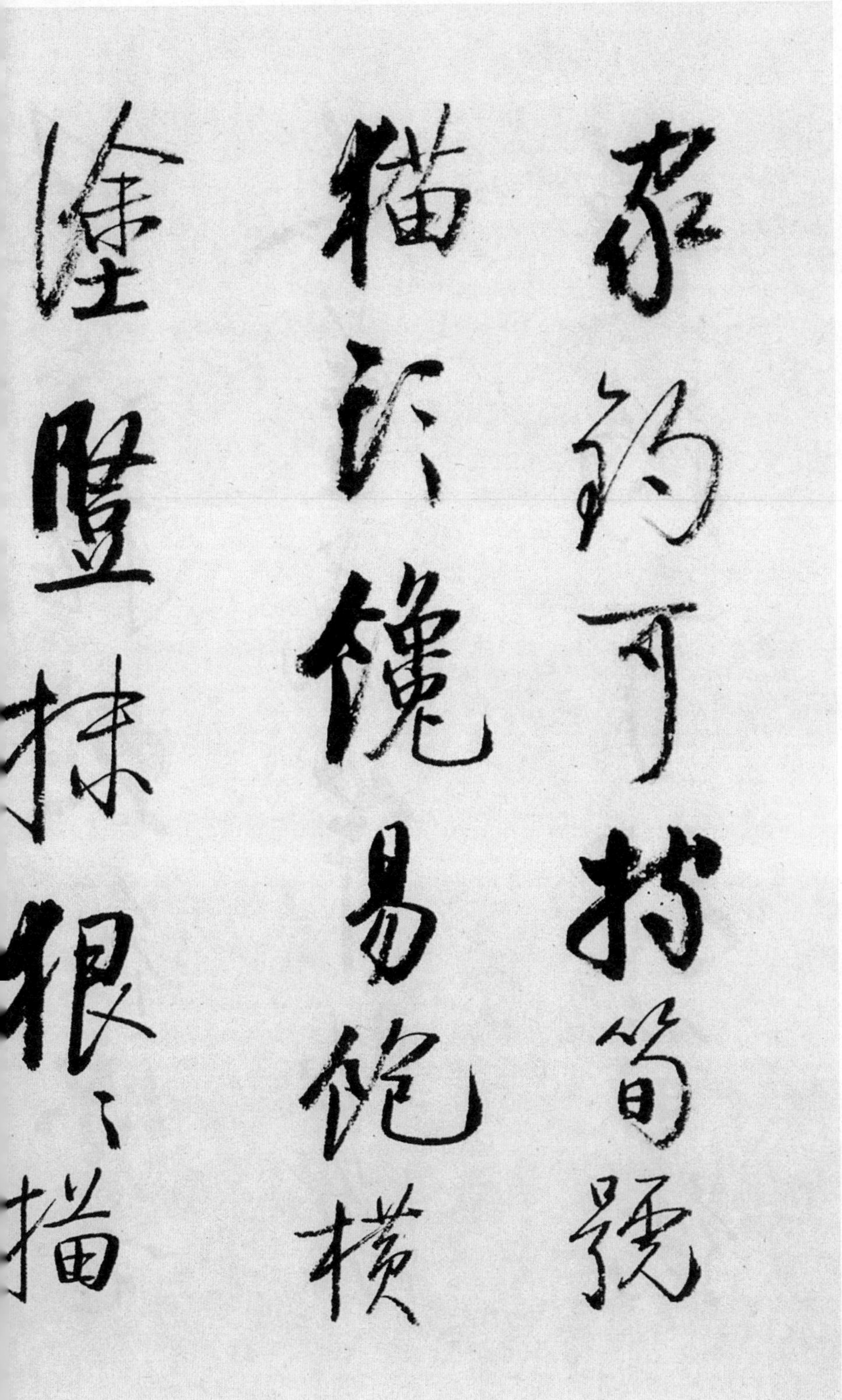

大内硬餅層層

咬我問郎圖此

要好鬼以祈神

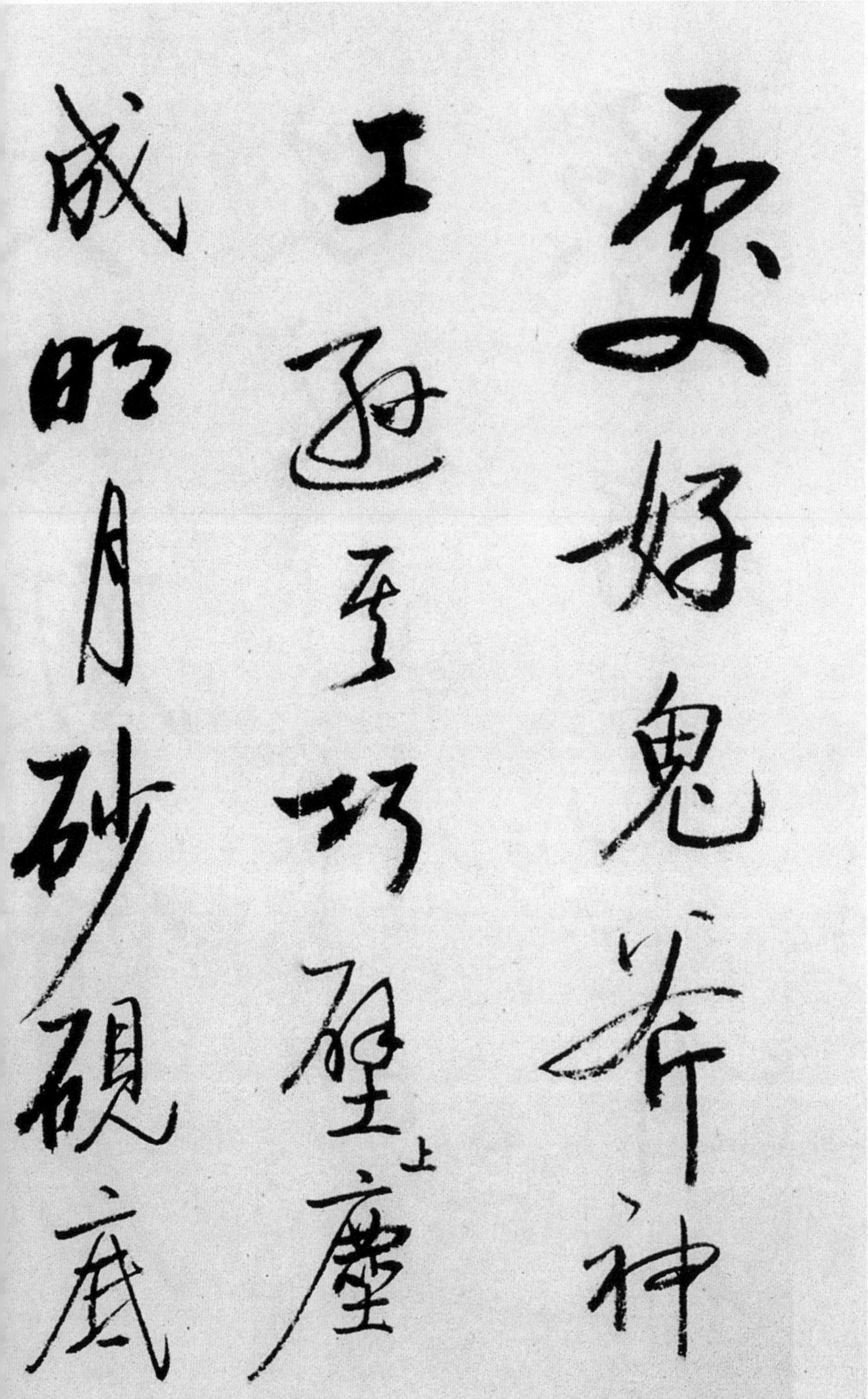
要好鬼斧神
工逊至巧壁上塵
成明月砂砚底

先生知日皎君
相造命我告
竹青翠新

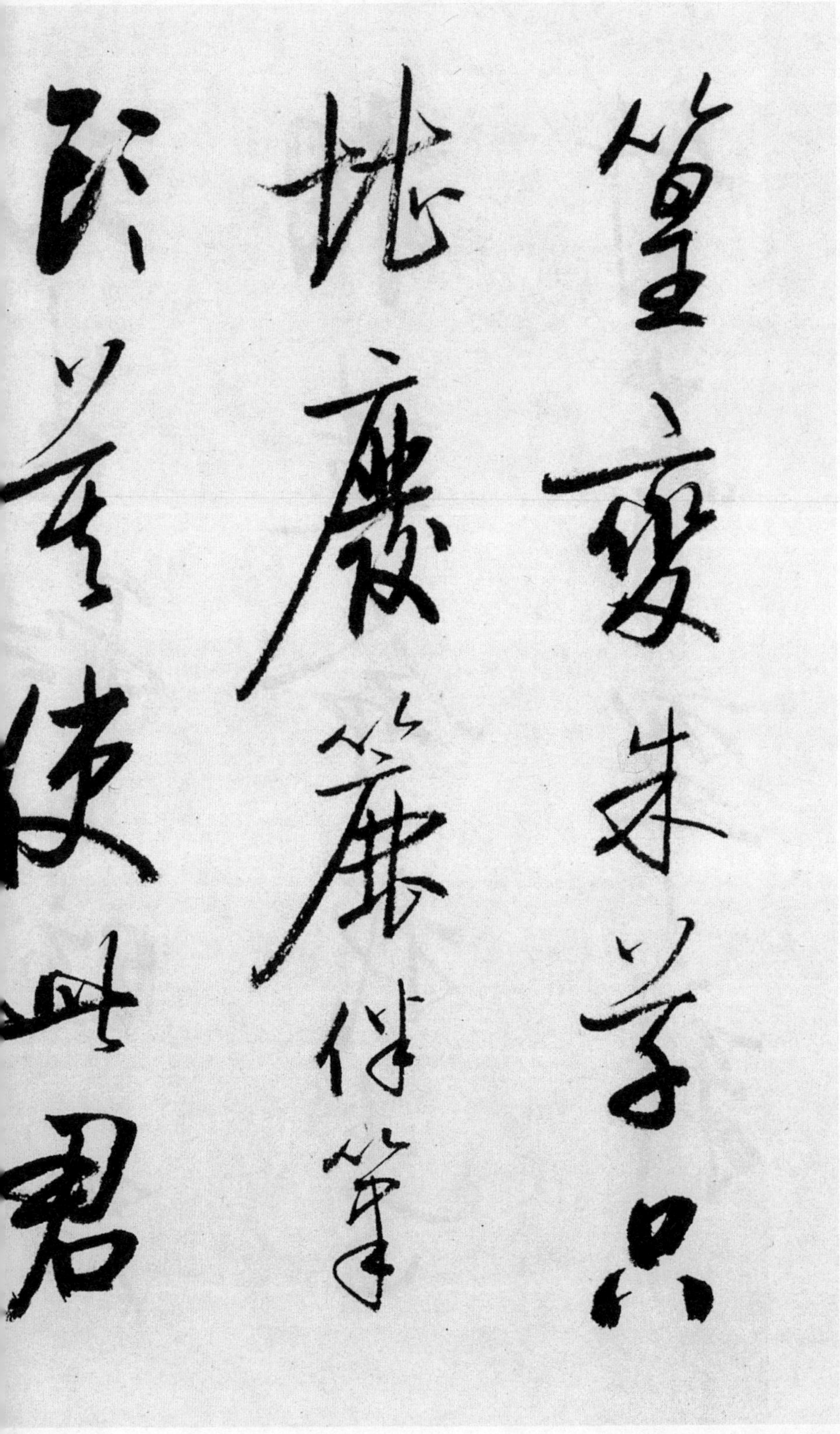

老[illegible][illegible]

大山先生以佳紙索

畫硯齋校字餘暇因

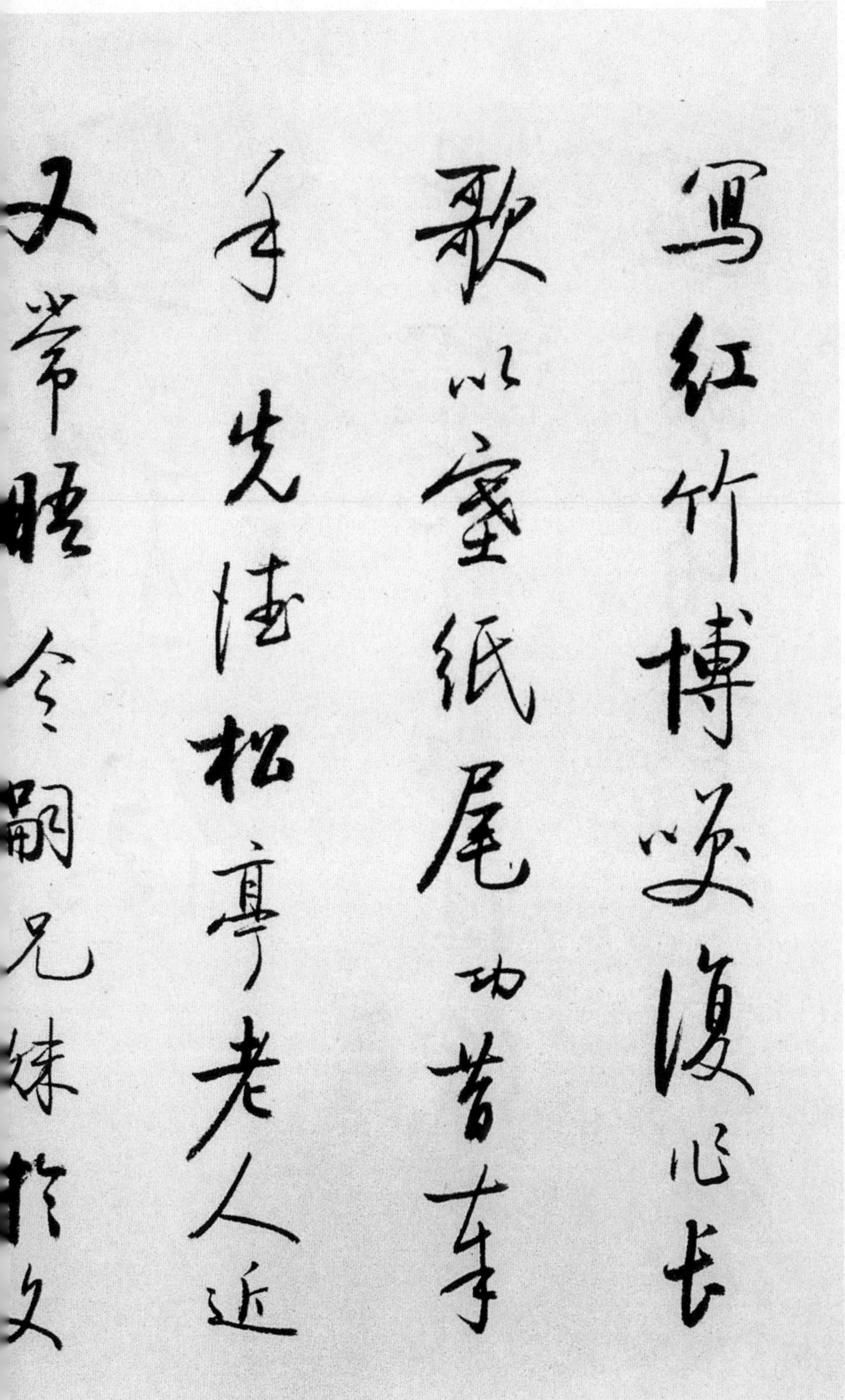
写红竹博叹复心长
歌以蜜纸尾功昔年
手先法松亭老人近
又常睹令嗣兄妹

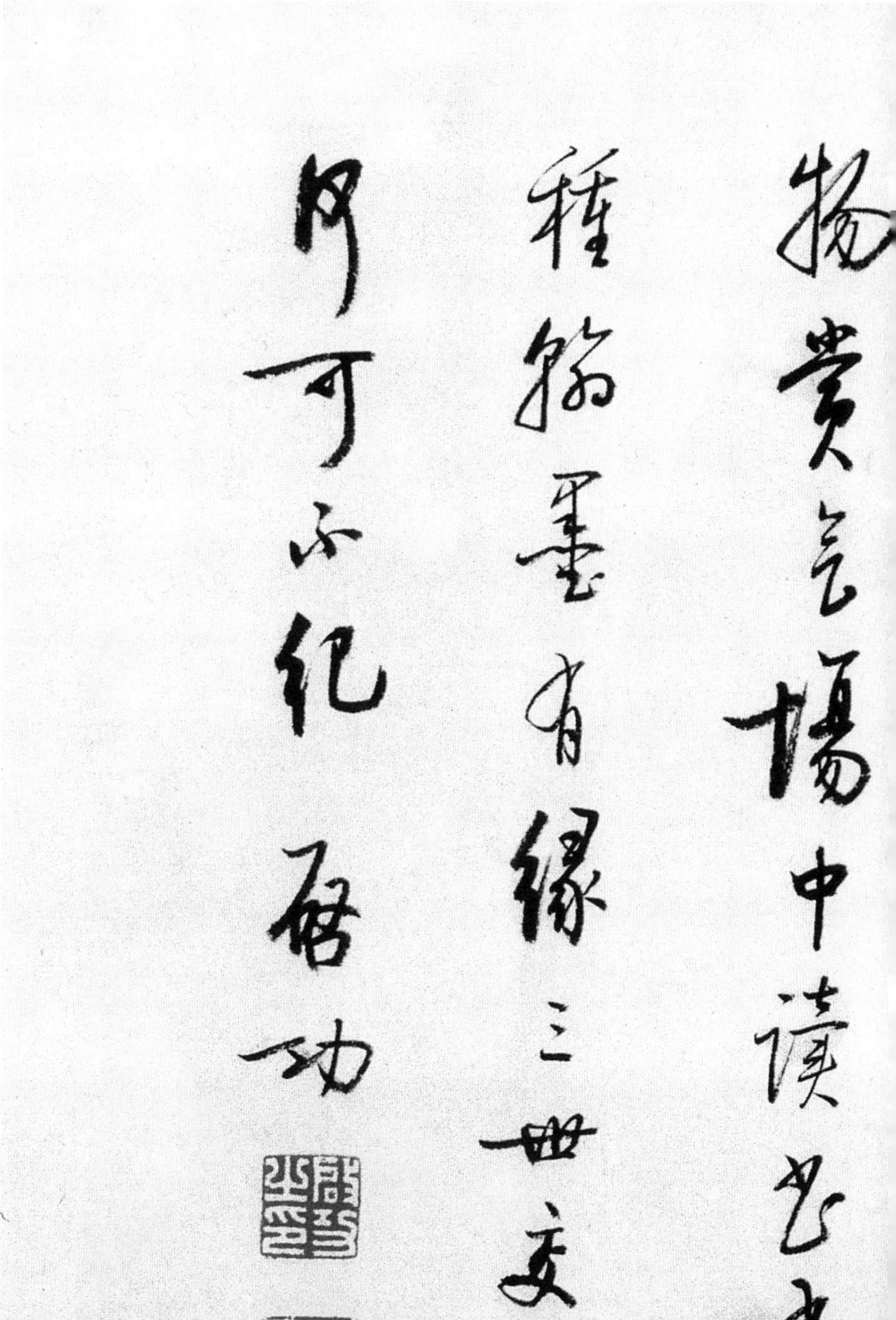
物貴氣場中讀書者
種翰墨有緣三世交期
何可不紀
啟功

松圆诗意图卷

松圆诗意图卷

手卷　7cm×68cm

一九四〇年作　设色纸本　个人收藏

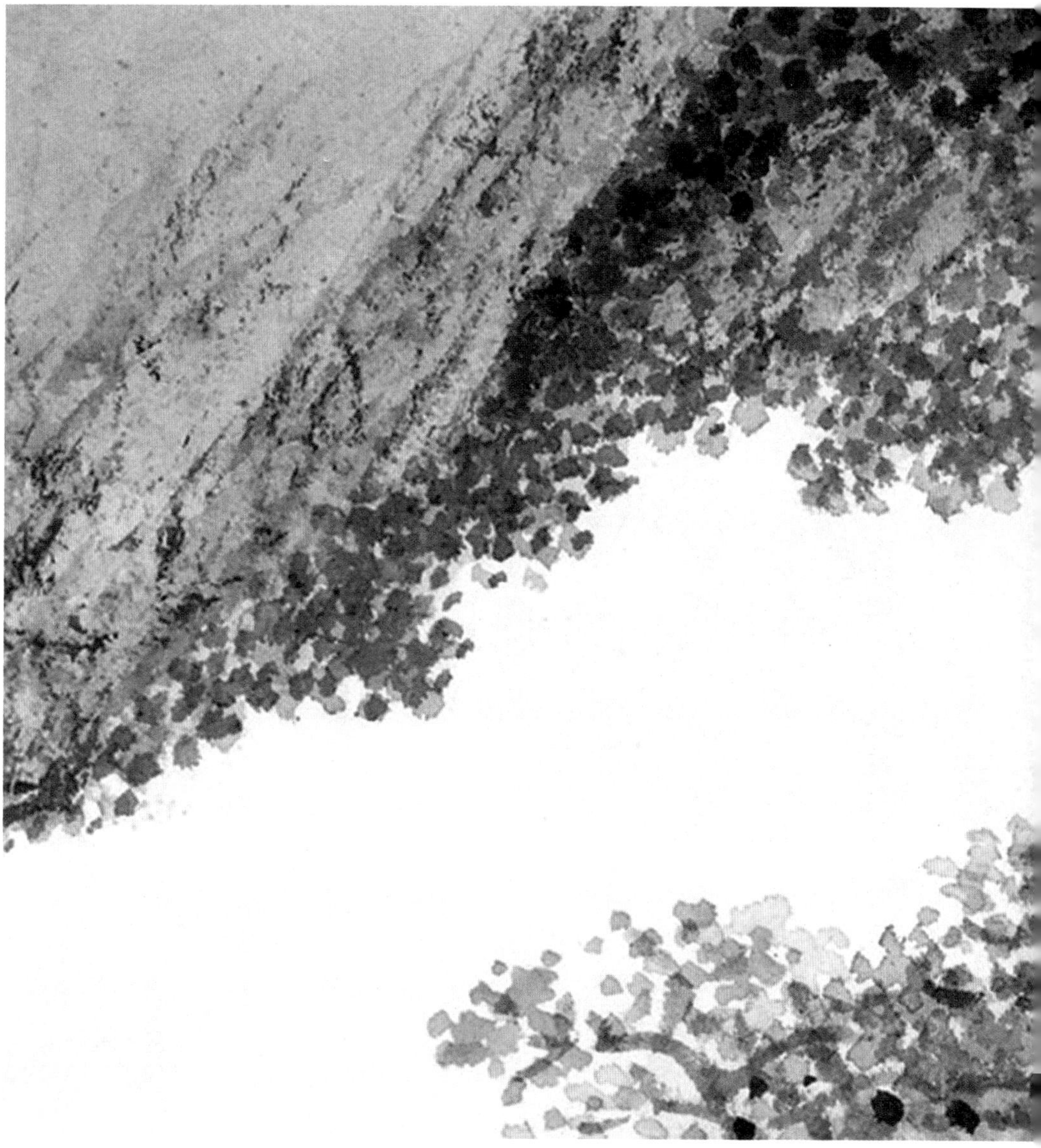

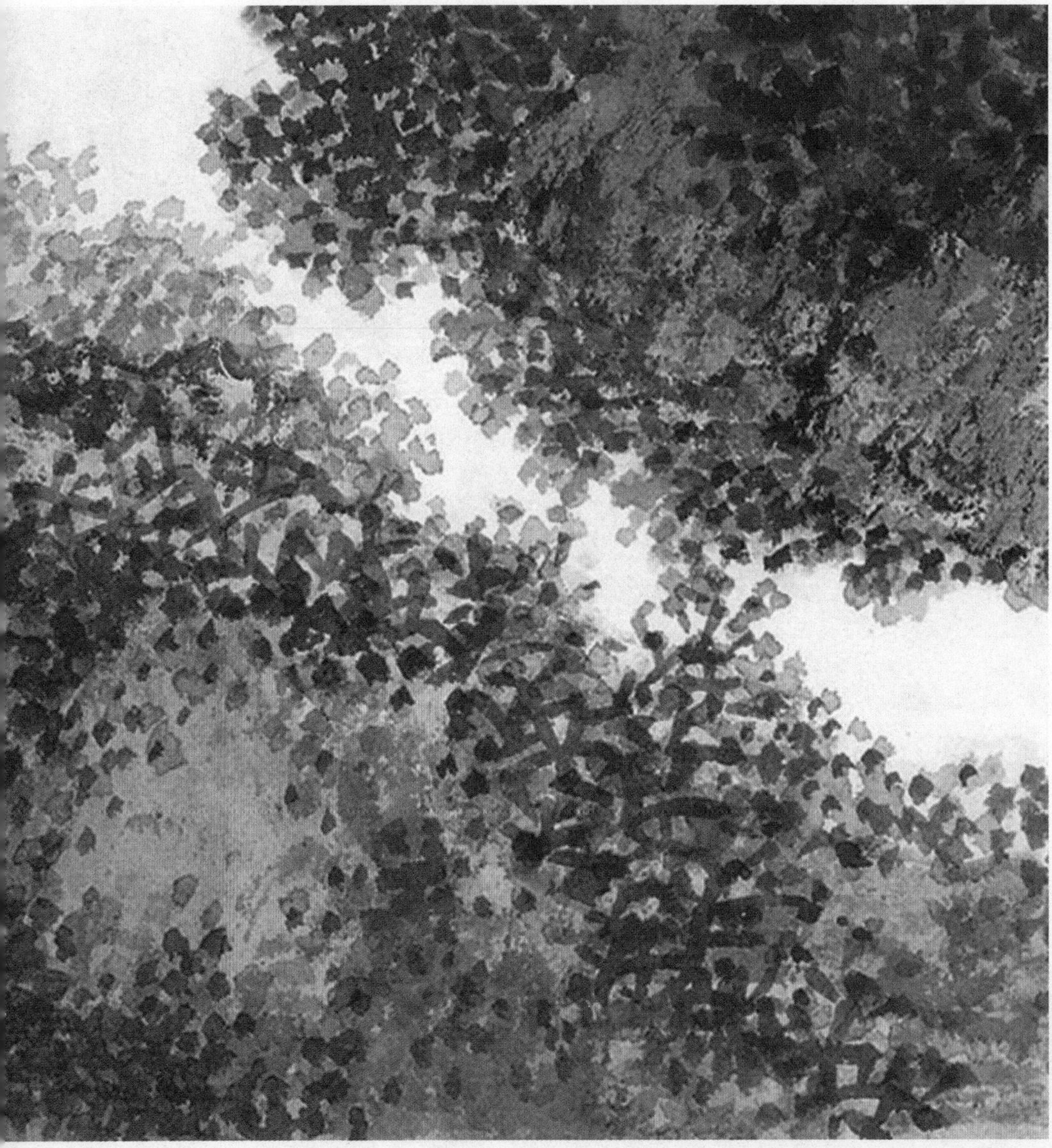

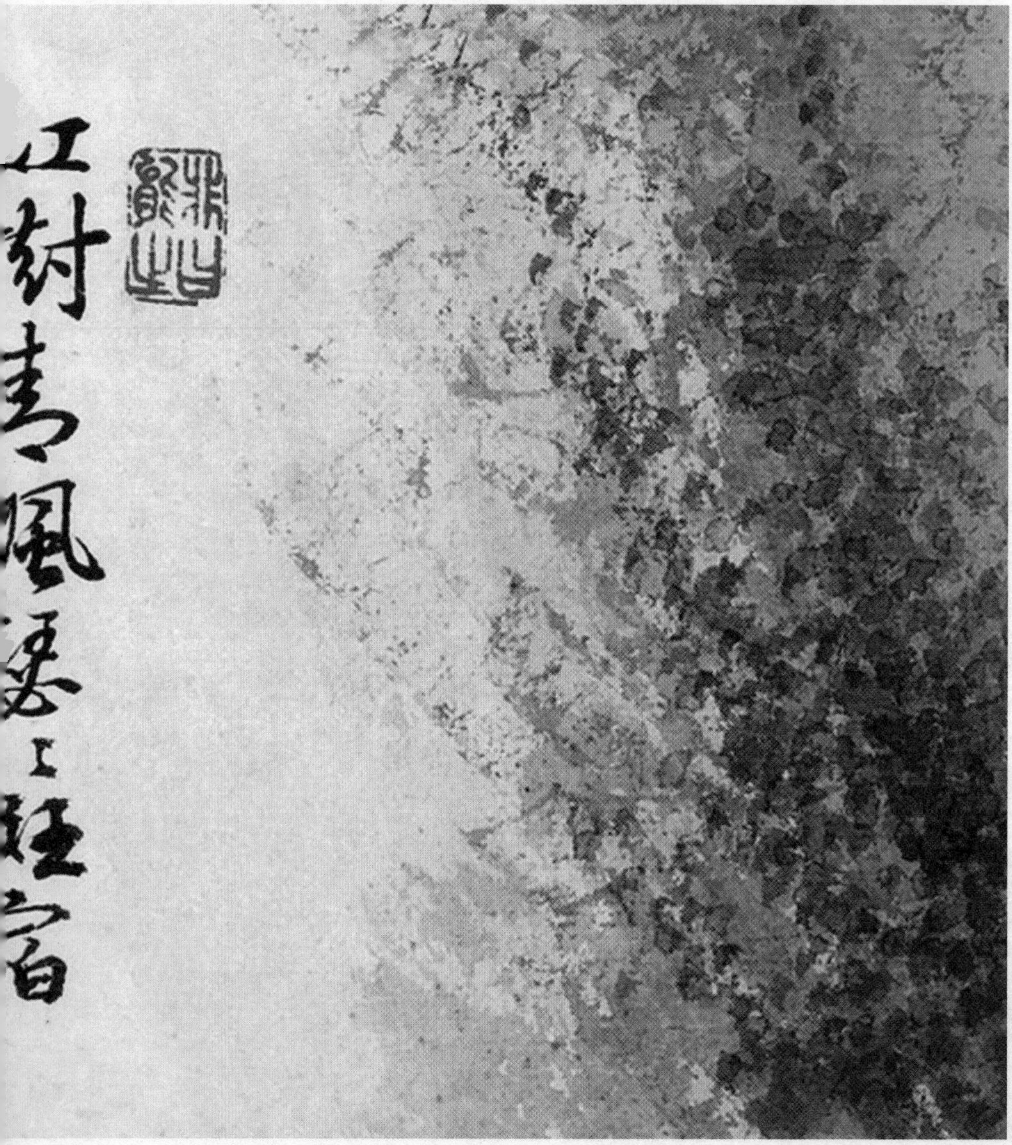

自是閒家具施與林
僧任往還
偶用文衡山法補程
松圓句意
苑北居士啓功